LA COSMOLOGIE ÉGYPTIENNE

L'UNIVERS ANIMÉ

Troisième Édition

Moustafa Gadalla

Cosmologie Égyptienne
UniverseL'Univers Animé,
Troisième Édition
de Moustafa Gadalla
Traduit de l'Anglais par Giro di Parole

TABLE DES MATIÈRES

PARTIE II : LES PRINCIPES DE CRÉATION

PARTIE III : LES CODES NUMÉRIQUES DE LA
CRÉATION

1

À PROPOS DE L'AUTEUR

Moustafa Gadalla est un égyptologue indépendant égypto-américain né au Caire, en Égypte, en 1944. Il est titulaire d'un baccalauréat ès sciences en génie civil de l'Université du Caire.

Dès sa petite enfance, Gadalla a poursuivi avec passion ses racines égyptiennes antiques, à travers des études et des recherches continues. Depuis 1990, il consacre et concentre tout son temps à la recherche et à l'écriture.

Gadalla est l'auteur de vingt-deux livres publiés de renommée internationale sur les divers aspects de l'histoire et de la civilisation de l'Égypte ancienne et ses influences dans le monde entier. En outre, il exploite un centre de ressources multimédia pour des études précises et éducatives sur l'Égypte ancienne, présentées d'une manière engageante, pratique et intéressante qui plaît au grand public.

Il a été le fondateur de la Fondation de recherche Tehuti qui a ensuite été intégrée au Centre multilingue de la sagesse égyptienne (https://www.egyptianwisdomcenter.org) dans plus de dix langues. Il est également le fondateur et le directeur de l'Université mystique égyptienne en ligne (https://www.Egyptian-MysticalUniversity.org). Une autre activité en cours a été sa création et la production de projets d'arts de la scène tels que Isis

Rises Operetta (https://www.isisrisesoperetta.com); bientôt suivi par Horus The Initiate Operetta; ainsi que d'autres productions.

2

PRÉFACE

La majorité des égyptologues ont interprété et interprètent encore les écrits et autres modes d'expression (art, architecture, etc.) de l'Égypte antique, sans chercher à comprendre les pensées et les croyances que ceux-ci exprimaient. Leurs explications, qui manquent encore de profondeur, reflètent leurs idées préconçues à l'égard des anciens Égyptiens, considérés comme primitifs et inférieurs au monde occidental moderne.

Il y a environ un demi-siècle, dans son ouvrage *The Tomb of Ramses VI* (1954), Alexandre Piankoff résuma la situation dégradée de l'égyptologie de la manière suivante :

> « *Pour les premiers égyptologues, cette religion était hautement mystérieuse et mystique. Ils la regardaient avec les yeux d'un Père Kircher. Puis, une réaction soudaine se produisit : les spécialistes perdirent tout intérêt dans la religion en tant que telle et commencèrent à considérer les textes religieux purement et simplement comme des sources d'informations pour leurs recherches philologiques et historiques.*
>
> *Sous le joug de la critique historique, les textes furent décomposés et leur genèse fut étudiée avec empressement... La valeur intrinsèque de la composition et de la pensée religieuse fut*

systématiquement ignorée et temporairement perdue. Les spécialistes de l'Égypte depuis Champollion virent dans les plus anciennes traditions religieuses de l'humanité principalement une collecte de données historiques déformées, à partir desquelles ils s'efforcèrent toute leur vie durant de reconstruire l'histoire de l'Égypte antique. »

L'heure est venue de rétablir la vérité.

Cet ouvrage en troisième édition est une édition revue et développée de la deuxième édition de *Egyptian Cosmology: The Animated Universe*, publiée en 2001.

La première édition (1997) fut initialement publiée sous le titre *Egyptian Cosmology: The Absolute Harmony*, qui fut par la suite modifié pour mieux exprimer le contenu étoffé du livre.

Cet ouvrage sonde l'applicabilité des concepts égyptiens de cosmologie dans notre compréhension moderne de la nature de l'univers, de la création, de la science et de la philosophie. La cosmologie égyptienne est humaniste, cohérente, exhaustive, logique, analytique et rationnelle. Le lecteur découvrira le concept égyptien de matrice d'énergie universelle, la manière dont les structures sociales et politiques étaient le reflet de l'univers, les interactions entre les neuf royaumes universels, etc.

Ce livre souhaite présenter un exposé s'appuyant sur un savoir approfondi, mais abordant les différentes thématiques dans un langage compréhensible aux lecteurs non spécialistes. Les termes techniques, réduits au minimum, sont expliqués de manière généraliste dans le glossaire. Cet ouvrage est divisé en cinq parties pour un total de 17 chapitres.

La Partie I : Le monothéisme mystique égyptien comprend un chapitre.

Le chapitre 1 : *Le peuple le plus religieux* examinera le sens profond et mystique du monothéisme pour les Égyptiens profondément croyants et présentera une vue d'ensemble de leur conscience cosmique.

La Partie II : Les principes de création comprend les chapitres 2 et 3.

Le chapitre 2 : *Les énergies motrices de l'univers* abordera la connaissance scientifique des Égyptiens sur l'état du monde avant la création et les énergies divines motrices du cycle de création.

Le chapitre 3 : *Récits égyptiens du processus de création* présentera un aperçu des trois phases principales du cycle de création.

La Partie III : Les codes numériques de la création comprend dix chapitres, du 4 au 13.

Le chapitre 4 : *La Numérologie du processus de création* étudiera la mystique des nombres en Égypte antique et analysera les chiffres deux, trois et cinq.

Le chapitre 5 : *La nature dualiste* approfondira la nature dualiste de la création et analysera 14 applications différentes dans le système de l'ancienne Égypte.

Le chapitre 6 : *Trois – La trinité unie* présentera le premier chiffre impair (un n'étant pas considéré comme un chiffre), l'importance des trois pouvoirs d'une trinité dans l'univers, ainsi que quelques applications de ce principe dans le système de l'ancienne Égypte.

Les chapitres 7 à 13 analyseront les **aspects mystiques des chiffres de quatre à dix.**

La Partie IV : Ici-bas comme là-haut comprend les deux chapitres 14 et 15.

Le chapitre 14 : *L'être humain – la réplique universelle* analysera la manière dont les composants physiques et métaphysiques de l'homme sont le reflet de la création dans sa totalité.

Le chapitre 15 : *La conscience astronomique* traitera de la connaissance approfondie en matière d'astronomie et de mesure du temps en Égypte antique, ainsi que des cycles sothiaques et du zodiaque. Il étudiera également la nature de l'harmonie des (sept) sphères et de la participation des peuples à son maintien.

La Partie V : Des mortels aux immortels comprend les deux chapitres 16 et 17.

Le chapitre 16 : *Notre voyage sur terre* analysera les différentes façons pour une personne d'arriver à l'union avec la source divine, notamment le soufisme, l'alchimie, etc.

Le chapitre 17 : *Escalader l'échelle céleste* approfondira les thèmes de la vie après la mort, de la transmigration de l'âme et de la progression dans les différents royaumes jusqu'à la réunification et la déification.

Moustafa Gadalla

3

STANDARDS ET TERMINOLOGIE

---

1. En ancien égyptien, le mot neter, et sa forme au féminin netert, ont été rendus de manière erronée et peut-être délibérée par *dieu* et *déesse* par presque tous les académiciens. Neteru (le pluriel de neter/netert) désigne les principes divins et les fonctions de l'Unique et Suprême Dieu.

2. Il se peut que vous rencontriez des variations dans l'écriture des mêmes termes en ancien égyptien, comme Amen/Amon/ Amoun ou Pir/Per. Ceci parce que les voyelles que vous voyez dans les textes égyptiens traduits ne sont que des approximations phonétiques, utilisées par les égyptologues occidentaux et destinées à leur faciliter la prononciation des termes et mots de l'ancien égyptien.

3. Nous utiliserons les mots les plus communément reconnus par nos lecteurs francophones pour identifier un neter et une netert [dieu, déesse], un pharaon ou une cité ; ils seront suivis par d'autres "variations" du terme en question.

On notera que les vrais noms des divinités (dieux, déesses) étaient tenus secrets dans le but de garder à la divinité son pouvoir cosmique. On se référait aux Neteru par des épithètes décrivant une qualité particulière, un attribut et/ou des aspects de leurs rôles. Ceci s'applique à tous les termes courants tels qu'Isis, Osiris, Amoun, Rê, Horus, etc.

4. Lorsque nous utiliserons le calendrier romain, nous utiliserons les termes suivants :

De notre ère. Correspond à : ap. JC
Avant notre ère. Correspond à : av. JC

5. Le terme *Baladi* sera utilisé tout au long du livre pour dénoter la présence silencieuse de la majorité des Égyptiens qui adhéraient aux traditions de l'Égypte Ancienne, avec une mince couche extérieure d'Islam.[Lire *La culture de l'Égypte antique révélée* de Moustafa Gadalla pour des informations plus détaillées]

6. Il n'y a pas et il n'y a jamais eu d'écrits ni de textes en ancien égyptien que les Égyptiens eux-mêmes classifiaient comme "religieux", "funéraire", "sacré", etc. Les académiciens occidentaux ont donné à ces textes en ancien langage égyptien des noms purement arbitraires du genre de "Livre de ceci" ou "Livre de cela", "divisions ", "énonciations ", "incantations ", etc. Le milieu académique occidental est même allé jusqu'à décider que tel "Livre" existait en "version Thébaine", ou en "version de telle ou telle époque". Après avoir ajouté foi à ses propres élucubrations, l'académie accusa les anciens Égyptiens d'avoir commis des erreurs et d'avoir omis des parties de leurs propres écrits ?!!

Afin de faciliter la référence, toutefois, nous utiliserons la classification des anciens textes égyptiens, en usage courant dans le milieu académique occidental mais arbitraire, bien que les anciens Égyptiens eux-mêmes n'aient jamais eu recours à une telle classification.

4

CARTE DE L'ÉGYPTE

N

0   100   200 miles

0   150   300 km

Mer Méditerranée

Rosette

Port-Saïd

Alexandrie

Onou (Héliopolis)

Gizah

Suez

Saqqarah

Le Caire

Men-Nefer (Memphis)

Fayoum

Sinaï

Al-Minya

Beni Hassan

Khamenou (Hermopolis)

Akhetaton
(Tell el-Amarna)

Assiout

Désert occidental

Akhmîm

Abtu (Abydos)

Ta-Apet
(Louqsor/Thèbes)

Désert oriental

Mer Rouge

Kôm Ombo

Sunt (Assouan)

Kalabsha

Philae
Éléphantine

Abu Simbel

PARTIE I : LE MONOTHÉISME MYSTIQUE ÉGYPTIEN

Chapitre 1 : LE PEUPLE LE PLUS RELIGIEUX

1.1 LA CONSCIENCE COSMIQUE DES ÉGYPTIENS

L'historien grec Hérodote a écrit en 500 avant notre ère :

> *«De toutes les nations dans le monde, les Égyptiens sont les plus heureux, en meilleure santé et les plus religieux d'entre les hommes.»*

Le bien-être des Égyptiens était attribué à l'application des réalités métaphysiques dans leur vie quotidienne, en d'autres termes, à leur conscience cosmique.

Les scènes de la vie quotidienne, retrouvées dans des tombeaux égyptiens, témoignent d'une corrélation puissante et perpétuelle entre la terre et les cieux. Ces scènes fournissent une représentation graphique de toutes sortes d'activités: chasse, pêche, agriculture, tribunaux et tous types d'arts et de métiers. La représentation de ces activités quotidiennes, en présence des *neteru* (dieux, déesses) ou avec leur soutien, révèle leur correspondance cosmique.

Dans les centaines de papyri retrouvés ou d'autres supports d'écriture, les anciens Égyptiens, les plus religieux, ne considèrent jamais un être humain comme l'auteur d'une «découverte» ou d'une «invention».

Le Divin était et est encore la source de toute leur existence. Le Divin est l'origine de tout ce qui existe et c'est grâce aux forces divines que l'univers a été créé et est conservé. C'est la raison pour laquelle tous les aspects de la connaissance en Égypte ancienne reviennent aux attributs/aspects/qualités du Divin, à savoir les *neteru* (dieux, déesses).

Cette corrélation perpétuelle – conscience cosmique – a été reprise dans l'Asclépios III (25) des Textes hermétiques :

> **«...en Égypte, toutes les opérations de pouvoir qui gouvernent et fonctionnent dans les Cieux ont été transférées à la terre du dessous... il doit être dit que tout le cosmos demeure [en Égypte] dans son sanctuaire...»**

Toute action, de la plus prosaïque à la plus noble, représentait d'une certaine manière un acte de correspondance cosmique : semer, récolter, labourer, brasser, calibrer une chope de bière, construire des navires, mener des guerres, jouer... autant d'actions perçues comme des symboles sur terre d'activités divines.

Le concept actuel de religion était si largement reconnu en Égypte, qu'il n'avait pas besoin de nom. Pour les anciens Égyptiens, il n'y avait pas de différence perceptible entre le sacré et l'ordinaire. Tout leur savoir, qui était fondé sur la conscience cosmique, était ancré dans leurs pratiques quotidiennes, qui muèrent en traditions.

Les visiteurs étrangers en Égypte, qui connaissent mal la profondeur cosmique des traditions autochtones, ont tort d'étiqueter hâtivement les Égyptiens anciens et baladis comme «superstitieux».

Nombreuses sont les actions dans notre vie, comme l'utilisation de l'ordinateur, que nous exécutons sans même savoir, pour la plupart d'entre nous, comment cela fonctionne. Le caractère non scientifique de cette utilisation ne rend pas pour autant celle-ci caduque. De la même manière, les pratiques des Égyptiens anciens et baladis ne devraient pas être méprisées sous prétexte que le fondement scientifique de cette action cosmique perpétuelle n'est pas connu de tous.

Dans toutes les sociétés, seul un nombre réduit de personnes spécialisées connaissent les fondements scientifiques du fonctionnement des choses.

1.2 L'UNITÉ DE LA MULTIPLICITÉ DE L'UNIVERS

Le terme «cosmologie» signifie l'étude de l'univers comme un tout et de sa forme, de sa nature en tant que système physique.

L'essence du mot «cosmologie» apparaît dans les *Litanies de Rê* en égyptien ancien, où Rê – principe divin de la création – est décrit comme suit :

> *«Celui qui est réuni,*
> *Qui sort de ses propres membres.»*

La définition en Égypte antique de Rê est la représentation parfaite de l'Unité qui comprend l'union, le rassemblement de nombreuses entités différentes, c'est-à-dire Celui qui est le Tout.

Les *Litanies de Rê* décrivent les aspects du principe créateur : la reconnaissance en tant que *neteru* (dieux, déesses) dont les actions et les interactions ont, à leur tour, créé l'univers.

En étudiant le terme «religion», nous remarquons que sa signification originale a été déformée.

Le mot religion a pour racine «religio», qui signifie *attacher* ou *lier*, ce qui est tout à fait cohérent avec la définition de Rê dans les textes égyptiens.

1.3 AMON-RENEF : L'INDÉFINI

Les Égyptiens, profondément religieux, reconnaissaient qu'aucun être humain ne pouvait définir l'indéfinissable et croyaient ainsi en la présence d'une puissance illimitée et inconnaissable ; une puissance trop majestueuse pour communiquer avec l'univers créé, mais indispensable, puisqu'aucune création ne pouvait avoir lieu en son absence.

Les anciens Égyptiens désignaient l'univers extérieur et sa nature cyclique comme «Amon-Renef», qui n'est pas le nom d'une entité, mais une expression signifiant *Celui dont l'Essence est inconnue*. Dans ce royaume de l'inconnaissable, aucun mot appartenant à la pensée humaine ne pouvait être prononcé et, dans le respect de cette règle, les Égyptiens très croyants s'exprimaient uniquement par la négation de toutes les qualités:

> – *Dont le nom est inconnu à tous les neteru (dieux, déesses).*
> – *Qui n'a pas de définition* [c.-à-d. *qui ne peut être défini/décrit par aucun terme humain*].
> – *Qui n'a pas d'image.*
> – *Qui n'a pas de forme.*
> – *Qui n'a ni commencement ni fin, etc.*

Ainsi l'*expression* Amon-Renef en égyptien ancien transcende même la qualité de l'être. Amon-Renef n'est pas le Créateur ni la Cause Première. Les termes de Dieu, Créateur, Maître de l'Univers, Cause Première, Le Premier, sont tous des principes inférieurs et distincts d'Amon-Renef.

Dans une infinie réserve et invoquant toujours le sens profond caché derrière les mots, les Égyptiens considéraient qu'Amon-Renef était partout dans la mesure où sans son existence supérieure, rien ne pourrait exister.

Reconnaissant à présent l'existence d'Amon-Renef, dont l'essence est inconnue, nous pouvons aborder les cycles de création, dont nous faisons partie intégrante.

PARTIE II : LES PRINCIPES DE CRÉATION

Chapitre 2 : LES ÉNERGIES MOTRICES DE L'UNIVERS

2.1 AU DÉBUT DE LA PRÉ-CRÉATION – NOUN – LE NÉANT

Chaque texte égyptien traitant de la création commence par la même croyance de base qu'avant le commencement de toute chose, était un abysse liquide primordial – partout, sombre, infini, et sans limites ni directions. Les Égyptiens appelaient cet océan cosmique, ce chaos aquatique *Noun/Ny/Nouou* – l'état non-polarisé de la matière. L'eau est informe, et d'elle-même, elle ne prend aucune forme, ni ne résiste à la forme.

Les scientifiques sont en accord avec la description des anciens Égyptiens de l'origine de l'univers comme un abysse. Les scientifiques font référence à cet abysse en tant que soupe de neutrons, là où ils ne sont ni électrons ni protons mais seulement neutrons et ne formant qu'un énorme noyau, extrêmement dense. Un tel chaos, dans l'état précédant la création, a été causé par la compression de la matière, c'est-à-dire que les atomes n'existaient pas en leur état normal mais étaient pressés si étroitement les contre les autre que les nombreux noyaux atomiques étaient confinés dans un espace auparavant occupé par un seul atome normal. Dans de telles conditions, les électrons de ces atomes furent éjectés de leur orbite et se mouvaient librement, c'est-à-dire dans un état de chaos dégénéré.

Noun/Ny/Nouou représente «l'Être subjectif», le symbole de la matière/l'énergie informelle, indéfinie, indifférenciée, de l'état non créé, inerte ou inactif, qui précède la création ; il ne peut être la cause de sa transformation.

Le terme «infini» est bien entendu synonyme de «non fini», indéfini, illimité, informe, indifférencié, et ainsi de suite. Cela signifie que l'énergie/la matière d'où chaque chose est formée doit être dans son état essentiel, informel, indéfini, indifférencié, etc. Si le fondement matériel du monde avait des définitions essentielles (formations), celles-ci agiraient comme des facteurs limitant sa capacité à se transformer à l'infini. Le manque de définition est un prérequis absolu pour la toute-puissance créatrice de Dieu.

2.2 LE COMMENCEMENT DE LA CRÉATION

L'énergie condensée dans la soupe de neutrons de la pré-création continuait de monter en puissance. Cette énergie condensée atteignit la concentration optimale d'énergie accumulée, qui engendra son explosion et son expansion externe, il y a environ 15 milliards d'années.

Le bruit retentissant de cette explosion provoqua la rupture des parties constituant l'univers.

De la même manière, les textes de l'Égypte ancienne n'ont eu de cesse de répéter que la voix divine autoritaire, le Son divin, était la cause de la création.

2.3 LE SON ET LA FORME

Les tout premiers textes d'Égypte antique retrouvés il y a 5 000 ans témoignent de la croyance en la création du monde par le Verbe. Le *Livre pour Sortir au Jour* (souvent traduit à tort comme le *Livre des morts*), l'écrit le plus ancien au monde, déclare :

> *«Je suis l'Éternel... Je suis celui qui a créé le Verbe... Je suis le Verbe...»*

Dans le *Livre de la vache du ciel* (découvert dans le tombeau de Toutankhamon), les cieux et leurs hôtes ont été conçus par la simple prononciation de quelques mots dont la sonorité évoquait à elle seule des choses. Une fois son nom prononcé, la chose existe.

Car le nom est une réalité, la chose elle-même. En d'autres termes, chaque son particulier a/est sa forme correspondante. La science moderne a confirmé une relation directe entre la fréquence des ondes sonores et la forme.

Chaque mot, quel qu'il soit, est scientifiquement un élément vibrationnel complexe, un phénomène d'onde, caractérisé par un mouvement d'une fréquence et d'une intensité variables. Autrement dit, le son est causé par la compression de particules d'air, par le réagencement de l'espace et du mouvement de particules d'air, donc par la création de formes. À chaque fréquence d'onde sonore correspond une forme géométrique donnée.

Le son divin transforma l'énergie/la matière inerte potentielle de Noun en des parties de l'univers comme énergies cinétiques différenciées, ordonnées, structurées sous la forme d'objets, de pensées, de forces, de phénomènes physiques, etc.

La transformation d'un type d'énergie (potentielle) en un autre type (cinétique) fit naître l'univers, en un tout et dans ses éléments constitutifs.

Tout est question d'énergies.

2.4 ATAM – L'ÉNERGIE COSMIQUE MANIFESTÉE

Comme nous l'avons vu, la création émana de l'état de non-création. Les Égyptiens l'appelaient Noun. Noun ou Nouou représente également l'état de pré-création de l'univers. Il n'y a PAS d'univers : NUL, ZÉRO. Cet état de l'univers représente l'Être subjectif, informel, indéfini avec l'énergie/la matière indifférenciée. Son énergie inerte est inactive.

En revanche, l'état de création est ordonné, formé, défini et différencié. La totalité de l'énergie divine durant l'état de création est appelée Atam par les Égyptiens.

La création est le classement (la définition/la mise en ordre) de tout le chaos (l'énergie/la matière et la conscience indifférenciées) de l'état primordial. Tous les récits de l'Égypte ancienne sur la création l'ont montré avec des étapes bien définies et clairement démarquées.

La première étape de la création fut l'auto-création de l'Être Suprême en tant que créateur et Être, donc le passage de l'Être subjectif (Noun/Ny/Nouou) à l'Être objectif (Atam). En des termes simples, ce passage correspond au moment où l'on passe du sommeil (état inconscient, être subjectif) à la conscience de soi (prise de conscience, être objectif). Une situation similaire à la position debout sur un sol ferme.

Les sages égyptiens ont représenté cette étape de la création avec Atam sortant de Noun/Ny/Nouou. Dans les *Textes d'Ounas* (connus sous le nom de *Textes des pyramides*) figure l'invocation suivante :

> «*Salut à toi, Atam !*
> *Salut à toi, Khépri qui est venu de lui-même à l'existence !*
> *Tu culminas en ce tien nom de colline,*
> *Tu vins à l'existence en ce tien nom de Khépri !* **(Celui qui devient).**»[§1587]

Atam signifie l'unicité du tout, le tout complet. Atam est lié à la racine «tam» ou «tamam», dont le sens est «être complet» ou «être la fin de».

Dans les textes égyptiens anciens, Atam signifie celui qui complète ou qui perfectionne, et dans les *Litanies de Rê*, Atam est reconnu comme le *Tout Complet, le TOUT*.

Les textes de l'Égypte ancienne soulignent que le Tout Complet contient tout. Le texte égyptien ancien affirme :

> *«Je possède de nombreux noms et de nombreuses formes, et mon Être existe dans chaque neter.»*

Numériquement parlant, un n'est pas un nombre, mais l'essence du principe sous-jacent de nombre, tous les autres nombres étant constitués à partir de lui. Un représente l'Unité : l'Absolu en tant qu'énergie non polarisée. Atam en tant que nombre Un n'est ni pair ni impair mais les deux à la fois. Il n'est ni féminin ni masculin mais les deux à la fois.

Atam est la totalité de la matrice d'énergie ordonnée durant la phase de création, alors que Noun est le composé d'énergie désordonnée – l'Être Subjectif. La totalité de l'énergie divine au sein de l'univers est appelée Noun dans son état de désordre et Atam dans son état/processus ordonné de création.

Atam représente la décharge, en une séquence ordonnée, de l'énergie existante au sein de Noun, c'est-à-dire qui lui apporte la vie. Ceci représente l'Être Objectif.

Noun et Atam sont des reflets l'un de l'autre, comme les nombres 0 et 1 – 0 n'est rien, est nul et 1 signifie le tout.

2.5 L'EXISTENCE DU TOUT – CELUI QUI DEVIENT

La création est le classement (en donnant une définition/en apportant l'ordre à) de tout le chaos (l'énergie/la matière et la conscience non différenciée) de l'état primordial. Tous les récits de l'Égypte ancienne sur la création l'ont montré avec des étapes bien définies et clairement démarquées.

Le germe de la création – duquel tout trouve son origine – est

Atam. Et de la même façon que la plante est contenue à l'intérieur du germe, ainsi en découle que tout ce qui est créé dans l'univers est Atam, également.

Atam, l'Un qui est le Tout, en tant que Maître de l'Univers, déclare, dans le papyrus en ancien égyptien, plus connu sous le nom de *Papyrus Bremner-Rhind* :

> *«Quand je me suis manifesté à l'existence, l'existence exista.*
> *Je vins à l'existence sous la forme de l'Existant en la Première Fois.*
> *Venu à l'existence sous le mode d'existence de l'Existant, j'existai donc.*
> *Et c'est ainsi que l'existence vint à l'existence.»*

En d'autres termes, lorsque le Maître de l'Univers vint à l'existence, c'est la création entière qui vint à l'existence, parce que le Complet contient le tout.

2.6 NETERU – LES ÉNERGIES DIVINES

Nous venons de voir que lorsque le Maître de l'Univers vint à l'existence, toute la création vint à l'existence, puisque le Complet contient le tout.

Le cycle de création est causé et conservé par des forces ou énergies divines. Ces énergies, tout comme le cycle perpétuel de création, suivent le processus de transformation de naissance-vie-vieillissement-mort et renaissance. En tant qu'êtres humains, nous possédons des forces de vie similaires qui changent au cours de notre vie. Nos corps consistent en plusieurs cycles qui gouvernent notre existence. À notre mort, toutes les forces s'éteignent également.

Les Égyptiens appelaient ces forces divines *neteru*. Le thème principal de l'univers est sa nature cyclique. Les *NeTeRu* sont les forces de la NaTuRe, qui font marcher le monde pour ainsi dire.

Appeler ces forces dieux ou déesses est une démarche réductrice et trompeuse.

L'énergie divine qui se manifeste dans le cycle de création est définie par les aspects d'énergie qui la constituent et que les anciens Égyptiens appelaient *neteru*. Pour que la création ait lieu et qu'elle se maintienne, cette énergie divine doit être pensée en termes de principes masculin et féminin.

Par conséquent, les anciens Égyptiens exprimaient les forces d'énergie cosmique en termes de *netert* (principe féminin) et de *neter* (principe masculin).

Le mot égyptien *neter* ou nature ou *netjer* signifie *un pouvoir qui est capable de générer la vie et de la maintenir après l'avoir générée.* Comme toutes les parties de la création traversent un cycle de naissance-vie-mort-renaissance, ainsi en est-il des énergies motrices au cours des phases de ce cycle. Il en résulte que le mot en ancien égyptien *neteru* étant les énergies divines ont traversé et continuent de traverser le même cycle de naissance-crois-sance-mort et renouvellement. Une telle compréhension était partagée par tous, ainsi que l'a noté Plutarque, que la multitude des forces de la nature connue sous le nom de *neteru* naissent ou sont créées, sont sujettes au changement permanent, au vieillis-sement, à la mort et à la renaissance.

On peut donner l'exemple de la chenille qui est née, vit, construit ensuite son propre cocon où elle meurt avant de se transformer en un papillon qui dépose des œufs et ainsi de suite. Ce que nous avons ici devant nous est la transformation cyclique d'une forme/d'un état énergétique à un autre.

Un autre exemple est le cycle de l'eau – l'eau s'évapore, forme des nuages et redescend sur terre sous forme de pluie. Il s'agit ici aussi d'une transformation cyclique d'énergies sous différentes formes.

Quand vous pensez à *neteru* – non comme *dieux* et *déesses* – mais comme une force d'énergie cosmique, vous reconnaissez dans le système de l'Égypte ancienne une brillante représentation de l'univers. Philosophiquement parlant, cette transformation cyclique naturelle est applicable au proverbe :

«Plus les choses changent, plus elles restent les mêmes.»

Dans les cercles scientifiques, ce qui est connu comme **loi naturelle de la conservation de l'énergie** peut être décrit comme suit : *le principe que l'énergie n'est jamais consommée mais change seulement de forme, et que le total de l'énergie dans un système physique, tel que l'univers, ne peut être ni augmenté, ni diminué.*

2.7 MAÂT : L'ORDRE DIVIN

Pour les habitants de l'Égypte, profondément religieux, la création de l'univers ne fut pas seulement l'avènement d'un événement physique. Il fut un événement ordonné qui était pré-planifié et exécuté selon une loi divine ordonnée qui régit les mondes physiques et métaphysiques. Ainsi, pouvons-nous lire dans le *Livre pour connaître les formes d'existence de Rê et pour abattre Apep* (Apophis), connu sous le nom de *Papyrus Bremner-Rhind* :

> *«Je n'avais point encore trouvé un endroit où je pourrais me tenir. Je conçus le Plan Divin de Loi et d'Ordre (Maa) pour faire toutes les formes. J'étais seul, car rien n'avait été engendré ; je n'avais, alors, émis de moi-même ni Shu ni Tefnut.»*

Ma-at est la *netert* (déesse) qui représente le principe d'ordre cosmique. Le concept par lequel non seulement les hommes mais aussi les *neteru* (dieux) eux-mêmes étaient régis et sans lequel les *neteru* (dieux) n'ont plus de fonction.

2.8 LA MATRICE D'ÉNERGIE UNIVERSELLE ET EINSTEIN

Cette matrice d'énergies est le résultat de l'acte initial de création et des retombées ultérieures qui créèrent l'univers. Cette matrice présente une hiérarchie organisée. Chaque niveau de la hiérarchie d'existence est une théophanie, une création par la conscience du niveau d'existence supérieur. L'autocontemplation par chaque étape d'existence donne naissance au niveau inférieur. Ainsi, la hiérarchie d'énergies s'inscrit dans une corrélation où chaque niveau est soutenu par le niveau inférieur. Cette hiérarchie d'énergies s'encastre parfaitement dans une grande matrice de lois naturelles en interface profonde les unes avec les autres. Un système physique et métaphysique à la fois.

Les Égyptiens anciens et baladis ne faisaient et ne font toujours pas de distinction entre l'état métaphysique et matériel d'un être. Une telle distinction est une illusion mentale. Nous existons à différents niveaux simultanément, du plus physique au plus métaphysique. Einstein concordait avec ces principes.

Depuis la théorie de la relativité d'Einstein, il est connu et reconnu que la matière est une forme d'énergie, une coagulation ou condensation d'énergie. Ainsi, la loi naturelle pour la conservation de la matière ou de la masse déclare également qu'aucun changement physique ou chimique ne crée ni ne détruit la matière.

L'énergie est faite de molécules qui tournent et vibrent à différentes vitesses. Dans le monde « physique », les molécules tournent à une vitesse très lente et constante. C'est pour cela que les objets apparaissent solides, compréhensibles pour nos sens humains. Plus la vitesse est lente, plus les objets apparaissent solides ou denses. Dans le monde métaphysique (spirituel), les molécules vibrent dans une dimension plus rapide, ou éthérée – où les objets sont libres et moins denses.

Observé sous cet angle, l'univers est essentiellement une hiérarchie d'énergies à différents niveaux de densité. Nos sens ont accès à l'énergie la plus dense, qui est la matière. La hiérarchie des énergies est interconnectée et chaque niveau est soutenu par le niveau qui se trouve directement en dessous. Cette hiérarchie des énergies est bien proprement fixée dans une grande matrice de lois naturelles en interface les unes avec les autres. C'est à la fois métaphysique et physique.

La matrice universelle de l'énergie comprend le monde comme un complexe vivant de relations entre les personnes (vivantes et mortes), les animaux, les plantes et les phénomènes naturels et surnaturels. Cette logique est souvent appelée Animisme à cause de sa prémisse centrale que toutes les choses sont animées (énergisées) par des forces de vie. À chaque instant, les molécules de simplement toute chose ou être sont en mouvement constant, c'est-à-dire énergisé, comme reconnu dans la théorique kinésique. En d'autres mots, tout est animé (énergisé) : les animaux, les arbres, les pierres, les oiseaux et même l'air, le soleil et la lune.

Les formes d'énergies les plus rapides – ces énergies invisibles de l'univers – sont appelées esprits par beaucoup de gens. Les esprits/énergies sont organisés à différents niveaux de densité, ce qui est relatif aux différentes vitesses des molécules. Ces énergies rapides (invisibles) habitent certaines régions ou sont associées à des phénomènes naturels particuliers. Les esprits (énergies) existent par groupe de famille-type (c'est-à-dire qu'ils sont en relation les uns aux autres).

Les énergies peuvent occuper, si elles le désirent, une forme d'énergie plus condensée (matière), comme un humain, un animal, une plante ou n'importe quelle autre forme. L'esprit anime le corps humain à la naissance et le quitte à la mort. Parfois, plus d'une seule énergie prend possession d'un corps.

On entend souvent parler d'une personne qui «ne se sent pas elle-même» ou alors qui est «temporairement folle», «possédée», «à côté de ses pompes» ou encore d'une personne à personnalités multiples. Ces énergies (esprits) ont un effet sur nous tous, à un degré ou un autre.

La présence d'énergie en toute chose a depuis longtemps été reconnue par les Égyptiens anciens et baladis. Il est clairement affirmé sur la Pierre de Chabaka que des énergies cosmiques existent dans chaque pierre, minéral, bois etc. :

> *«Et c'est comme ça que le neteru (dieux/déesses)est entré dans ses corps, sous forme de chaque bois existant, chaque minéral existant, chaque terre existante, tout ce qui pousse sur sa surface (de la terre).»*

2.9 LES NETERU ET LES ANGES

Les *neteru* (dieux, déesses) sont les énergies/puissances/forces divines qui, grâce à leurs actions et interactions, ont créé, conservé et continuent de conserver l'univers.

Les *neteru* (dieux, déesses) et leurs fonctions ont par la suite été renommés *anges* par d'autres. Le *Cantique de Moïse* (Deutéronome 32:43), retrouvé dans une grotte à Qumran près de la mer Morte, mentionne le mot *dieux* au *pluriel* :

> *«Que le Ciel se réjouisse avec le peuple du Seigneur, que toutes les divinités s'inclinent devant Dieu.»*

Quand ce passage est cité dans le *Nouveau Testament* (Hébreux, 1:6), le mot dieux est remplacé par «anges de Dieux».

Les sphères des *neteru* (connues également sous le nom d'anges ou d'archanges dans le christianisme) respectent une hiérarchie dans les niveaux/royaumes de l'univers.

2.10 DÉNOMINATION

Comme je l'ai mentionné plus haut, les textes égyptiens sur la création soulignent à maintes reprises la croyance en la création par le Verbe. Dans le *Livre de la vache du ciel* (découvert dans le tombeau de Toutankhamon), Rê crée les cieux et leurs hôtes par la simple prononciation de quelques mots dont la sonorité évoque à elle seule le nom des choses, qui apparaissent à sa demande. Une fois son nom prononcé, la chose devient un être. Car le nom est une réalité, la chose elle-même.

Dans l'Égypte ancienne et baladi, le nom ne revêtait pas, contrairement à la pensée contemporaine, le rôle de *simple étiquette*. Le nom d'un *neter*, d'une personne, d'un animal ou d'un principe représentait un résumé des qualités de cette personne ou de cet objet. Connaître et prononcer le vrai nom d'un *neter* (dieu, déesse), d'un homme ou d'un animal signifiait exercer du pouvoir sur tel homme ou tel animal. C'est pour cela que, dans un souci de protection, les Égyptiens anciens et baladis avaient de véritables noms secrets pour tout être et toute chose.

L'histoire traditionnelle du *Mystère du Nom Divin* a été retrouvée sur un papyrus d'Égypte antique, conservé au Musée égyptologique de Turin. Cette histoire évoque comment Rê refusa de révéler à l'Être qui lui était le plus cher, Isis, son véritable nom (secret). À la fin du récit, Rê «divulgue» son nom «secret», *Amon*. Remarquons qu'Amon signifie *secret/caché*. Autrement dit, dans des circonstances éprouvantes, Rê (en tant que modèle pour tous), ne révéla pas son vrai nom, mais déclara seulement que son nom secret était [Amon] *secret*.

Les personnes instruites et de confiance dans la communauté égyptienne connaissaient et connaissent toujours les noms authentiques (ou secrets) des *neteru* (dieux, déesses) et d'autres forces cosmiques, et exploitaient ce savoir pour maintenir l'ordre dans le monde.

Les *vrais noms* de ces divinités étaient gardés secrets. Le vrai nom était et est toujours imprégné de propriétés et de pouvoirs magiques. Connaître et prononcer le vrai nom d'un *neter/netert* (dieu/déesse) signifie exercer un pouvoir sur lui/elle. Pour garder le pouvoir cosmique de la déité, les anciens Égyptiens utilisaient souvent des « noms » à connotation religieuse. Baal signifie simplement Seigneur ou monarque, et donc on entend parler du Baal ou de la Baalat (Dame) de telle ou telle cité. De façon similaire, une déité sera appelée Melek, qui signifie Roi. Pareil pour Adon, qui signifie Seigneur ou Maître. Melqart signifiait Roi de la Cité. D'autres «noms» qui signifient favorisés par les dieux ou accordés par les dieux ont été traduits en latin comme Fortunatus, Félix, Donatus, Concessus, et ainsi de suite.

2.11 LE CYCLE DE CRÉATION

Le système de création est un système d'émanation, de procession ou d'irradiation nécessaire accompagné d'une aspiration ou d'un retour à la source nécessaire : toutes les formes et phases de l'existence proviennent de la Divinité et aspirent toutes à y retourner et y rester.

En conséquence du Big Bang, les forces centrifuges, qui poussent toutes les galaxies à se mouvoir en direction de l'extérieur, s'opposent en deux forces, de gravitation et de contraction. À l'heure actuelle, les forces centripètes surpassent les forces de contraction et donc, les limites de notre univers sont encore en train d'être repoussées.

Les scientifiques nous informent qu'à un certain point du temps, dans le futur, l'univers cessera de se dilater pour commencer à devenir plus petit. La radiation de micro-ondes émanant de la boule de feu du Big Bang (et qui est encore en train de courir çà et là) va commencer à s'écraser, à se réchauffer, et à changer encore de couleur, jusqu'à devenir visible à nouveau. Le ciel deviendra rouge, virera à l'orange, au jaune, au blanc... pour finir dans le Big Crunch, c'est-à-dire toute la matière et la radiation de l'univers viendront se fracasser en une seule unité.

Le Big Crunch n'est pas la fin en soi, car l'univers réunifié, écrasé

– la soupe de neutrons – aura la potentialité d'une nouvelle création, qu'on appelle Big Bounce.

Il n'est donc pas surprenant que les anciens textes égyptiens qui décrivaient le Big Bang ont également décrit en les termes symboliques égyptiens habituels : le Big Crunch et le Big Bounce.

Le Texte des sarcophages, incantation 130 affirme que :

«Après des millions d'années de création différenciée, le chaos précédant la création reviendra. Seulement l'Indifférencié/le Complet [Atam] et Aus-ra resteront – n'étant plus séparés ni dans le temps, ni dans l'espace.»

L'ancien texte égyptien nous dit deux choses. La première est le retour de l'univers créé à la destruction à la fin du cycle de création, ce qui signifie le Big Crunch. La deuxième est le potentiel d'une nouvelle renaissance cyclique de l'univers symbolisé par la présence d'Aus-Ra.

Arrêtons-nous ici pour apprendre ce qui a été indiqué comme «noms» des divinités en Égypte.

Aus-Ra se compose de deux mots: **Aus** qui signifie *le pouvoir de, la racine de*. En tant que tel, Aus-Ra, signifie *la puissance de Ra* ou *re-naissance de Ra*. Le thème principal des textes anciens égyptiens est la nature cyclique de la création étant née, vivant, mourant, et se régénérant à nouveau.

2.12 SIRIUS ET SA COMPAGNE : CENTRE DE LA CRÉATION

Au cours des périodes très anciennes de l'histoire de l'Égypte ancienne, Isis était associée à l'étoile Sirius, la plus brillante étoile du ciel, et qui était appelée tout comme elle, la *Grande Pourvoyeuse*. Le calendrier égyptien, ingénieux et très précis, était basé sur l'observation et l'étude des mouvements célestes de Sirius.

On peut trouver de nombreux monuments sur les sites de l'Égypte antique, qui attestent de leur conscience et connaissance de la cosmologie et de l'astronomie. Une sorte d'observation astronomique systématique vit le jour très tôt en ancienne Égypte. Les anciens Égyptiens dressaient des listes de bases de données, établissant des cartes des constellations, basées sur leurs observations et leurs enregistrements de Sirius et *l'étoile qui suit Sirius.*

Les Grecs, les Romains, et d'autres sources anciennes, affirmaient que les Égyptiens considéraient Sirius comme le grand feu central, autour duquel notre système solaire est en orbite. Les mouvements de Sirius sont étroitement liés à une autre étoile qui l'accompagne. Sirius et sa compagne tournent autour de leur centre de gravité commun ou, en d'autres termes, tournent l'une autour de l'autre.

Le diamètre de Sirius est moins de deux fois celui du diamètre de notre Soleil. Sa compagne, cependant, a un diamètre seulement d'environ trois fois le diamètre de la Terre, mais sa masse est d'environ 250 000 fois celle de la Terre. Sa matière est compressée si étroitement qu'elle est environ 5 000 fois plus dense que le plomb. Une telle compression de matière signifie que les atomes de la compagne de Sirius n'existent pas dans leur état normal, mais sont si étroitement pressés les contre les autre que de nombreux noyaux atomiques sont confinés dans un espace auparavant occupé par un seul atome normal. C'est-à-dire que les électrons de ces atomes sont éjectés de leur orbite et se meuvent librement alentour (un état dégénéré). C'est là l'égyptien Noun, la soupe de neutrons – l'origine de toute matière et énergie dans l'univers.

Le mouvement de la compagne de Sirius sur son propre axe et autour de Sirius maintient toute création dans l'espace, et en tant que tel, il est considéré comme le point de départ de la création. Les registres des anciens Égyptiens affirment que le début de la

période sothiaque correspondait au commencement du monde –
le début d'un cycle zodiacal d'environ 26 000 ans.

Chapitre 3 : RÉCITS ÉGYPTIENS DU PROCESSUS DE CRÉATION

3.1 DIFFÉRENTS ASPECTS/FORMES DE MANIFESTATION

Comme je l'ai montré plus haut, la matrice universelle d'énergies est le résultat de l'acte initial de création et des retombées ultérieures qui créèrent l'univers. Cette matrice présente une hiérarchie organisée. Chaque niveau de la hiérarchie d'existence est une théophanie, une création par la conscience du niveau d'existence supérieur. Ainsi, la hiérarchie d'énergies s'inscrit dans une corrélation où chaque niveau est soutenu par le niveau inférieur. Cette hiérarchie d'énergies s'encastre parfaitement dans une grande matrice de lois naturelles en interface profonde les unes avec les autres. Un système physique et métaphysique à la fois.

L'origine du monde et la nature des *neteru* (dieux, déesses) qui ont pris part à sa création ont suscité un intérêt constant chez les Égyptiens.

Les anciens Égyptiens possédaient quatre centres principaux d'enseignement cosmologique à Héliopolis, Memphis, Thèbes et Khemenou (Hermopolis). Chaque centre révéla l'une des principales phases ou l'un des principaux aspects de la genèse. Ces récits sur la création sont tous cohérents avec la formation ordonnée de/dans la matrice d'énergie universelle.

3.2 COSMOLOGIE ÉGYPTIENNE ET ALLÉGORIES

Toute la civilisation égyptienne était bâtie sur une compréhension totale et précise des lois universelles. Cette profonde compréhension se manifestait dans un système constant, cohérent et étroitement entrelacé, où art, science, philosophie et religion étaient entremêlés et employés simultanément en une seule Unité organique.

La cosmologie égyptienne est basée sur des principes cohérents scientifiques et philosophiques. La connaissance cosmologique de l'ancienne Égypte était exprimée sous la forme d'une histoire, qui est un moyen supérieur pour exprimer des concepts à la fois physiques et métaphysiques. N'importe quel bon écrivain ou conférencier sait que les histoires sont un bien meilleur moyen qu'un exposé pour expliquer le déroulement des choses, parce que les relations des parties l'une à l'autre et au tout sont mieux maintenues par l'esprit. L'information seule ne sert à rien, à moins qu'elle ne se transforme en compréhension.

Les sagas égyptiennes transformaient des noms et adjectifs communs factuels (indicateurs de qualités) en des noms propres mais conceptuels. Ils étaient, de plus, personnifiés, de sorte qu'ils pouvaient être tissés dans des récits cohérents et pleins de sens. La personnification est basée sur la connaissance que l'homme fut créé à l'image de Dieu, et en tant que tel, l'homme représentait l'image créée de toute création.

Les allégories sont un moyen choisi intentionnellement pour transmettre la connaissance. Les allégories mettent en scène les lois cosmiques, les principes, les processus, les relations et les fonctions, et les expriment en des termes faciles à saisir. Une fois que les sens cachés des allégories ont été révélés, elles deviennent des merveilles de complétude et de concision, à la fois scientifique et philosophique. Plus on les étudie, plus elles s'enrichissent. La dimension cachée des enseignements incrustés dans chaque histoire est capable de révéler plusieurs niveaux de connaissance, selon le niveau de développement de l'auditeur. Les secrets sont révélés au fur et à mesure que l'on s'élève. Plus on s'élève, plus on voit. C'est toujours ainsi.

Les Égyptiens (de l'ancienne Égypte et les baladis contemporains) ne croyaient/ ne croient pas que leurs allégories étaient des faits historiques. Ils croyaient EN elles au sens où ils croyaient en la vérité au-dessous des histoires.

Tout au long de ce livre, plusieurs sujets seront expliqués sous forme d'histoires, avec l'utilisation de quatre concepts personnifiés : Isis, Osiris, Horus et Seth. Quatre de ces sujets seront :

> 1 – Les principes solaires et lunaires représentés par Isis et Osiris.

> 2 – La numérologie et la trigonométrie, ainsi que la trinité/ triade/triangle rôle cosmique, comme décrites dans la relation entre le père [Osiris], la mère [Isis] et le fils [Horus] sont analogues au triangle rectangle 3:4:5.

> 3 – Le modèle de la société est exprimé dans le conte légendaire d'Osiris et Isis, leur fils Horus, et son oncle, Seth.

> 4 – Les quatre éléments du monde (eau, feu, terre et air), respectivement égaux à Osiris, Seth, Isis et Horus.

Les mystères égyptiens bien réalisés, bien élaborés, bien construits, sont un moyen choisi intentionnellement de transmission de la connaissance.

Signification et expérience mystique ne sont pas liées à une interprétation littérale des événements. Une fois que les sens cachés des récits ont été révélés, ces récits deviennent des merveilles de complétude et de concision, à la fois scientifique et philosophique. Plus on les étudie, plus elles s'enrichissent.

Et, enracinée dans le récit comme elle l'est, la partie ne peut jamais être mal comprise pour le tout, et son importance fonctionnelle ne peut non plus être oubliée ou distordue.

3.3 LES TROIS PHASES FONDAMENTALES DU CYCLE DE CRÉATION

Dans les textes de l'Égypte antique, la séquence du cycle de création est définie en trois phases principales. Cette même séquence fut reprise par la suite dans des textes soufis (et autres).

Voici trois sources majeures de ces trois phases, provenant de l'Égypte antique :

A – Textes des pyramides : il y a plus de 5 000 ans, les Textes des pyramides révèlent, en parfaite cohérence avec le thème des trois phases du cycle de création, l'existence de trois ensembles de dieux, chacun composé de 9 *neteru* (dieux, déesses). Les Textes des pyramides mentionnent fréquemment un groupe, ou 2 ou 3 groupes, de 9 *neteru* (dieux, déesses).

Les textes égyptiens parlent de trois Ennéades, chacune représentant une phase du cycle de création. Chaque phase reprend le chiffre neuf et engendre la phase suivante en 9 termes.

La première (Grande) Ennéade représente l'étape conceptuelle ou divine. Elle est gouvernée par Rê.

La deuxième Ennéade représente l'étape de la manifestation. Elle est gouvernée par Osiris.

La troisième Ennéade, qui associe Rê et Osiris, représente le retour à la source.

Dans le *Livre pour Sortir au Jour*, les deux âmes d'Osiris et de

Rê se rencontrent et s'unissent pour former une entité, telle que décrite ci-après avec beaucoup d'éloquence :

«...Je suis celui dont les deux Âmes résident dans ses deux Poussins.»

B – Litanies de Rê : après une brève préface, les *Litanies* s'ouvrent avec soixante-quinze invocations des Formes de Rê, suivies d'une série de prières et d'hymnes soulignant sans cesse l'identité de Rê et d'Osiris.

Le cycle perpétuel d'Osiris et de Rê domine les textes égyptiens anciens. La première étape est la manifestation de Rê dans ses formes. La deuxième étape est la manifestation d'Osiris dans ses formes variées. La troisième et dernière étape se déroule aux enfers pour réunir et resurgir en un nouveau Rê-Horakhty des Deux Horizons.

C – Papyrus de Leyde J. 350 : ce document d'Égypte antique date au moins de l'Ancien Royaume (2575-2150 avant notre ère), mais une copie a été reproduite sous le règne de Ramsès II au 13e siècle avant notre ère.

Le *Papyrus de Leyde J. 350* est une composition riche décrivant les aspects de principe des anciens récits sur la création. Le système de numération, dans le papyrus, identifie le principe/l'aspect de la création et fait correspondre chacun d'entre eux à un nombre symbolique.

Le manuscrit est divisé en une série de stances (strophes) numérotées, dont chacune est intitulée «Maison [de la lune], numéro XX».

Le système de numérotation de ce papyrus égyptien est, en soi, tout à fait significatif. Ils sont numérotés en trois niveaux : un premier niveau de 1 à 9, puis les pouvoirs 10, 20, 30 jusqu'à 90 viennent composer les fondements énergétiques de formes physiques, tandis que le dernier niveau appartient aux centaines.

Ce système de numérotation montre les trois phases du cycle de création.

1. La phase/l'ennéade de Conception, dont le thème est l'objectivation d'une zone limitée d'énergie/matière indifférenciée, où le monde sera manifesté.

2. La phase/l'ennéade de Manifestation ordonnée traite de la création des plans nouménal et phénoménal, les deux grandes subdivisions du monde manifesté.

3. La phase/l'ennéade de Réunification, qui aborde le thème du retour à la source et du processus de réunification qui s'ensuit, conduisant à un NOUVEL Alpha.

[Pour plus de détails concernant les trois phases du cycle de création, voir *Egyptian Alphabetical Letters of Creation Cycle* de Moustafa Gadalla.]

PARTIE III : LES CODES NUMÉRIQUES DE LA CRÉATION

Chapitre 4 : LA NUMÉROLOGIE DU PROCESSUS DE CRÉATION

4.1 TOUT EST NOMBRE – LA MYSTIQUE DES NOMBRES

Les anciens Égyptiens possédaient un système organique et scientifique d'observation de la réalité. La science actuelle s'appuie sur l'observation de toute chose comme morte (inanimée). Les formules physiques modernes dans nos études scientifiques excluent presque toujours le phénomène vital dans les analyses statistiques. Pour les Égyptiens anciens et baladis, l'univers – en tout ou en partie – est animé.

Dans le monde animé de l'Égypte antique, les nombres ne désignaient pas seulement des quantités, mais étaient considérés comme des définitions concrètes des principes formateurs de la nature. Les Égyptiens appelaient ces principes énergétiques *neteru* (dieux, déesses).

Pour les Égyptiens, les nombres n'étaient pas seulement pairs et impairs, ils étaient également masculins et féminins. Chaque élément de l'univers était/est un mâle ou une femelle. La *neutralité* (chose) n'existe pas. Contrairement à l'anglais, qui utilise les articles *he* (masculin), *she* (féminin) ou *it* (neutre), en Égypte, il n'y avait que *he* ou *she*.

Les Égyptiens exprimaient leur savoir en matière de mystique des nombres dans tous les aspects de leur vie. Nombreuses sont les preuves de ce savoir égyptien, en voici quelques exemples :

1 – Le concept de nombres animés en Égypte antique a été mentionné avec éloquence par Plutarque dans les *Œuvres morales Vol. V*, lorsqu'il décrit le triangle rectangle de dimensions 3-4-5 :

> *«Il faut donc concevoir, que le côté de l'angle droit représente le mâle, que la base du triangle représente la femelle, et que l'hypoténuse est le produit des deux ; qu'ainsi Osiris est le premier principe, qu'Isis en reçoit les influences, et que Horus est le résultat de l'opération de l'un et de l'autre. En effet trois est le premier nombre impair et parfait ; quatre est le carré de deux, premier nombre pair ; et cinq, qui est composé de trois et de deux, tient à la fois et de son père et de sa mère. Du mot pente (cinq) est dérivé le mot 'panta' (univers), ainsi que le verbe 'pempazô', qui signifie 'compter avec les cinq doigts'. De plus, 5 élevé au carré donne un nombre égal à celui des lettres de leur alphabet.»*

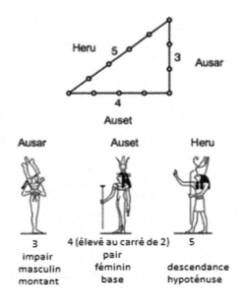

La vitalité et les interactions entre ces chiffres montrent de quelle manière ils sont masculins et féminins, actifs et passifs, verticaux et horizontaux, etc.

2 – En affirmant que *trois est le premier nombre impair et parfait*, Plutarque souligna que les Égyptiens ne considéraient pas Un comme un chiffre impair: un n'était pas un nombre, mais l'essence du principe sous-jacent de nombre, puisque tous les autres nombres le contiennent. Un représente l'Unité: l'Absolu en tant qu'énergie non polarisée. Un n'est ni pair ni impair, mais les deux, puisque si on l'ajoute à un nombre impair, le nombre devient pair et vice versa. Il associe donc les opposés de pair et d'impair, et tous les autres opposés dans l'univers. L'unité est une conscience parfaite, éternelle et indifférenciée.

3 – La page de titre du papyrus en égyptien ancien connu sous le nom de *Papyrus Rhind* (papyrus mathématique) (1848-1801 avant notre ère) annonce :

> *Méthode correcte d'investigation dans la nature pour connaître tout ce qui existe, chaque mystère, tous les secrets.*

L'intention est clairement énoncée : les anciens Égyptiens croyaient en des règles concernant les nombres et leurs interactions (les mathématiques), et les définirent comme fondement de *«tout ce qui existe»*.

4 – La méthode de calcul en Égypte antique avait un lien direct avec les processus naturels et métaphysiques. Même le langage utilisé dans les papyri égyptiens visait à promouvoir ce sens de vitalité, d'interactions vivantes. Pour mieux saisir cette conception, prenons l'exemple du problème n° 38 du *Papyrus Rhind* (mathématique) :

> *J'entre trois fois dans un hekat* (un boisseau, unité de mesure), *mon septième m'est ajouté et je reviens complètement satisfait.*

5 – Le célèbre hymne en égyptien ancien du *Papyrus de Leyde J. 350* confirme que le symbolisme numérique a été pratiqué en Égypte, au moins depuis l'Ancien Royaume (2575-2150 avant notre ère). Le *Papyrus de Leyde J. 350* est une composition riche décrivant les aspects de principe des anciens récits sur la création. Le système de numération, dans le papyrus, identifie le principe/l'aspect de la création et fait correspondre chacun d'entre eux à un nombre symbolique.

Ce papyrus égyptien comprend 27 stances, numérotées de 1 à 9, puis de 10 à 90 en dizaines, et enfin de 100 à 900 en centaines ; seules 21 stances ont été conservées. Le premier mot de chaque stance représente une sorte de jeu de mots au sujet du nombre en question.

Nous discuterons de certaines parties du *Papyrus de Leyde* dans les prochains chapitres à propos de la mystique/l'évaluation des nombres. L'ouvrage *Egyptian Alphabetical Letters of Creation Cycle* de Moustafa Gadalla propose une analyse complète sur ce thème.

6 – **Ipet-sout** est le nom en égyptien ancien du plus grand temple en Égypte, et signifie «**celle qui énumère les endroits**». Le nom du temple parle de lui-même. La construction de ce temple commença au Moyen Royaume aux alentours de 1971 avant notre ère, puis fut sans cesse complétée pendant les 1 500 années suivantes. La conception et l'énumération dans ce temple s'inscrivent en parfaite cohérence avec les codes numériques de la création.

Le concept égyptien de symbolisme des nombres fut par la suite popularisé en Occident par et grâce aux enseignements de Pythagore, inspirés de la culture égyptienne (env. 580-500 avant notre ère). Nous savons en effet que Pythagore a étudié pendant 20 ans environ en Égypte.

Il ne nous reste rien des écrits de Pythagore et de ses disciples directs. Cependant, le milieu universitaire occidental a généreusement attribué à Pythagore et aux *pythagoriciens* une liste sans fin de réalisations majeures.

Pythagore et ses disciples auraient considéré les nombres comme des concepts divins, des idées du Dieu qui avait créé un univers d'une variété infinie, dans un ordre satisfaisant d'après un modèle numérique.

Ces mêmes principes étaient déclarés plus de 13 siècles avant la naissance de Pythagore, dans le titre du *Papyrus Rhind* égyptien, qui promet une :

> *Méthode correcte d'investigation dans la nature pour connaître tout ce qui existe, chaque mystère, tous les secrets.*

Certains nombres et leur signification symbolique seront brièvement décrits dans les chapitres suivants.

4.2 PROGRESSION NATURELLE – LA SÉQUENCE ORDONNÉE DU CYCLE DE CRÉATION

La création est le classement (la définition/la mise en ordre) de tout le chaos (l'énergie/la matière et la conscience indifférenciées) de l'état originel. **Tous les récits de l'Égypte ancienne sur la création l'ont décrite avec des étapes ordonnées, bien définies et clairement démarquées.** Les Égyptiens représentaient la première étape de la création avec la sortie d'Atam/Atoum/Atem hors du Noun/Ny/Nouou – la soupe de neutrons.

Tout au long des textes de l'Égypte antique, nous retrouvons constamment la manière dont un état d'existence se développe ou mieux encore émerge dans l'état d'existence suivant. Et nous retrouvons chaque fois l'idée que deux états consécutifs sont l'image respective l'un de l'autre. Non seulement ce constat est scientifiquement correct, mais il est également ordonné, naturel et poétique. Les Égyptiens étaient renommés pour leurs énoncés sous forme poétique concernant des sujets scientifiques et philosophiques.

Les nombres se conforment à la disposition des choses naturelles, car les choses les plus naturelles ont été établies par le Créateur de manière ordonnée. Les nombres ne sont ni des abstractions ni des entités en soi. **Les nombres sont des noms appliqués à des fonctions et des principes sur la base desquels l'univers est créé et conservé.**

4.3 LE CHIFFRE DEUX UNIVERSEL – ISIS, LE PRINCIPE FÉMININ

Nous avons vu comment une création ordonnée – sous la forme d'Atam, le Complet – a émergé de l'état chaotique de pré-création, de Noun – le Néant.

Nous avons également vu comment un état d'être se développe ou émerge dans le prochain état d'être et comment deux étapes consécutives sont des images l'une de l'autre. Noun et Atam sont des reflets l'un de l'autre, comme les nombres 0 et 1 – 0 n'est rien, est nul et 1 signifie le tout.

La première chose qui se développa à partir de la lumière d'unité du Un Complet fut la force de Raison Active, comme Il fit deux émerger de un, par répétition.

La pensée de raison active et divine est la première «chose» à partir de laquelle l'existence peut se poursuivre en tant qu'acte, descendance, et image/reflet du premier – Atam. La capacité de concevoir – à la fois mentalement et physiquement – était représentée de manière naturelle par le principe féminin – Isis – étant le côté féminin de l'unité d'Atam. Ceci fut confirmé de manière simple dans les écrits de Plutarque lorsqu'il écrivit dans le volume V de ses *Œuvres Morales* :

> *«...depuis, parce qu'à cause de la force de raison. Isis se change*

elle-même en ceci ou en cela et est le réceptacle de toutes sortes de formes.»

La relation entre le Maître de l'Univers – le Complet – et la Mère de la Création est décrite de la meilleure des façons en termes musicaux. La relation entre Atam – le Complet – et son reflet féminin (Isis) est comparable à la relation entre le son d'une note et son octave. Considérons une corde d'une certaine longueur comme unité (de départ). Faites-la vibrer, elle produit un son. Pressez la corde en son milieu et faites-la vibrer. La fréquence de vibrations produite est (le) double de celle produite par la corde en entier, et le son est élevé d'une octave. La longueur de la corde a été divisée par deux et le nombre de vibrations par seconde a été multiplié par deux : un demi (1:2) a créé son reflet opposé (2:1), 2/1. Cette relation harmonique est représentée par Atam et Isis.

Le nombre d'Isis est deux, ce qui symbolise le pouvoir de multiplicité, le mutable féminin, le réceptacle, horizontal, représentant la base de tout.

Dans la pensée des anciens Égyptiens, Isis en tant que nombre deux est à l'image du premier principe – l'intellect divin.

La relation de l'intellect au Complet, Atam, est comme la relation de la lumière du soleil émanant du soleil. Les anciens textes égyptiens décrivent Isis comme le divin rayon de soleil, car elle est appelée :

- *La fille du seigneur universel*
- *Le Rê féminin*
- *La Donneuse de Lumière au ciel avec Rê*

Isis est alors l'énergie émanée du Complet. En tant que principe féminin dans l'univers, seulement elle peut concevoir et donner naissance à l'univers créé.

En d'autres termes, Isis est le reflet de l'élan créateur cosmique – décrit par le terme Rê. Donc, lorsqu'il est question de Rê, dans un texte égyptien, il est dit :

«Tu es les corps d'Isis.»

Ceci implique que Rê, l'énergie créatrice, apparaît également sous les divers aspects du principe féminin cosmique Isis. En tant que telle, Isis est identifiée comme :

-*Le Rê féminin*
-*La Dame du commencement du temps*
-*Le prototype de tous les êtres*
-*La plus grande des neteru* – *[signifiant les forces divines]*
-*La Reine de tous les neteru*

Isis est identifiée dans les textes anciens égyptiens comme la déesse-mère. Combien aimante est Isis, notre déesse-mère. Elle – le principe féminin – est la matrice de l'univers créé. Matrice étant un terme maternel, mater–x.

Sur le plan intellectuel, la première pensée consiste en l'élaboration d'un plan ordonné. Les anciens Égyptiens ont insisté sur la nature ordonnée et harmonieuse du processus de création, où Maât représente l'Ordre et l'Harmonie du Divin. Maât est l'une des manifestations du principe féminin – Isis.

Le papyrus en égyptien ancien connu sous le nom de *Papyrus Bremner-Rhind* nous explique ce qu'est le plan.

«C'est dans mon 'cœur' que je concevais [...] Ils [les êtres divins] vinrent au monde et créèrent de multiples formes d'existence dans cette terre, (qui sont) les manifestations de (leurs) enfants et les manifestations de leurs enfants.»

La première étape de la création a consisté en l'élaboration du concept de multiples (êtres divins) émanant de l'Un. La déesse-mère Isis conçut le plan – du point de vue métaphysique ou intellectuel – dans son cœur aimant. Une démarche éloquente et poétique, car le cœur était/est considéré comme un symbole des perceptions intellectuelles, de la conscience et du courage moral. Isis est également reconnue comme le **Cœur Puissant**.

Utérus de l'univers, la mère divine Isis est également dans toute son éloquence celle qui a conçu le plan de la création et qui en distribue les parties, à savoir *ses enfants et leurs enfants*.

Les textes de l'Égypte antique insistent sur le caractère ordonné de la séquence de création, qui est fondamentalement un système d'émanation, de procession ou d'irradiation nécessaire accompagné d'une aspiration ou d'un retour à la source nécessaire. Toutes les formes et phases de l'existence proviennent de la Divinité et elles aspirent toutes à y retourner et y rester.

4.4 LE CHIFFRE TROIS UNIVERSEL – OSIRIS, LE PRINCIPE MASCULIN

Maintenant que le plan de création était conçu par la Divine Raison, la prochaine étape logique était de lui apporter la vie. En conséquence, Isis, la Pensée Divine, engendre un pouvoir apte à la réalisation de sa Pensée. L'apport de la vie ou l'animation du plan de création est provoquée, amenée par la Toute-Âme, ou Âme Universelle du Tout. L'âme universelle était représentée en Égypte ancienne, par Osiris – le troisième dans la séquence de création et le nombre trois fut communiqué à travers lui.

Osiris est l'éternelle émanation et l'éternel reflet de la Seconde Hypostase, le Principe Intellectuel.

Chaque étape de création a tendance à engendrer un reflet d'elle-même; elle a aussi tendance à rejoindre la prochaine [étape] supérieure, de laquelle elle est une ombre ou une manifestation inférieure – car Isis est un reflet du premier principe et son ombre est Osiris. Comme c'est instructif !

Dans la séquence ordonnée de la création, c'était le principe féminin Isis qui, après avoir conçu le plan, lui donna vie. En tant que telle, Isis est appelée :

- *Isis, la Donneuse de Vie*
- *Isis, la Dame de Vie*
- *Isis, Dispensatrice de Vie*
- *Isis, celle qui réside en les neteru*

4.5 LA TRINITÉ ET LA DUALITÉ UNIVERSELLES

Comme nous l'avons vu, trois composants sont nécessaires pour créer quelque chose et lui donner vie. Le prototype de génération comprend ainsi trois éléments de la Trinité créatrice, que l'on peut brièvement décrire comme suit :

Le premier est l'Un, ou le Premier Existant, que les Égyptiens appelaient Atam. Le Tout Complet, Celui qui est le Tout.

Le deuxième est le principe féminin appelé Isis, qui contient l'Esprit Divin, ou le Premier Penseur et la Première Pensée, le lieu de la conception métaphysique et physique, l'utérus, l'antre, l'univers dans sa totalité.

Le troisième est le principe masculin, animé, vivant, dynamique et énergétique appelé Osiris, connu comme l'Âme Universelle.

Les anciens Égyptiens reconnaissaient l'importance de la trinité dans le processus de création. Ainsi, les textes de l'Égypte antique présentaient la trinité comme une unité exprimée par le pronom singulier, le Trois qui est Deux qui est Un.

La Triade est la Divinité et est Divine. C'est l'expression de l'énergie émanant de la Divinité. Ce concept est exprimé avec éloquence dans le *Papyrus Bremner-Rhind* :

> *«J'étais plus ancien que (les dieux) Anciens que j'ai créés,*
> *J'étais (plus) ancien que (les dieux) Anciens,*

(et) mon nom était (plus) ancien que le leur,
(car) j'ai créé l'Ancien-temps et les (dieux) Anciens...»

Le texte égyptien nous montre que l'Unité, prenant conscience d'elle-même, crée une énergie polarisée : deux nouveaux éléments, partageant chacun la nature de l'Un et de l'Autre. En d'autres termes, les principes masculin et féminin relèvent chacun de l'un et de l'autre.

Sur un plan intellectuel, le principe féminin est à la fois passif et actif, car Isis conçoit le plan d'une manière passive, ensuite elle donne vie à ce plan, reflétant ainsi son activité comme une extension de sa passivité, c'est-à-dire que l'intellect et l'âme du monde représentent la relation d'intellect actif et passif.

L'intellect est comme il est, toujours égal à lui-même, au repos dans une activité statique. Ceci est un attribut féminin. Le mouvement vers lui et autour de lui est l'œuvre de l'Âme, avançant depuis l'Intellect à l'Âme, rendant l'Âme intellectuelle, et non pas en créant une autre nature à mi-chemin de l'Intellect et de l'Âme.

Et sur le plan de l'âme, Isis est l'âme passive et Osiris l'âme active.

Encore et toujours, nous remarquons que la séquence de création est basée sur une étape qui est une progression naturelle, de même que l'image de l'étape suivante – et inversement. D'active à passive et de passive à active telle est la réaction en chaîne (pour ainsi dire) de la création.

Le temps nous est présenté comme la «vie» de l'Âme, à la différence de l'Éternité, qui est le mode d'existence de l'Intellect. Cependant, l'Âme est une entité qui comprend différents niveaux de réalité, et il arrive à l'occasion que le plus haut aspect, au moins, de l'Âme soit largement assimilé à l'Intellect.

La relation de l'âme à l'intellect est comme la relation de la lumière de la lune à la lumière du soleil. De la même manière que lorsque la lune s'emplit de la lumière du soleil, sa lumière devient une imitation de la lumière du soleil. De la même manière, lorsque l'âme reçoit l'effusion de l'intellect, ses vertus deviennent parfaites et ses actes imitent les actes de l'intellect. Quand ses vertus deviennent parfaites, elle connaît alors son essence, son soi, et la réalité de sa substance.

Les forces combinées de l'esprit divin et de l'âme divine rendent possible la création du monde naturel. Isis en tant que Principe Intellectuel Divin possède deux Actes – celui de la contemplation tournée vers le haut de l'Unique et celui de «génération» envers le Tout-Âme inférieur. De la même manière, l'Âme du Tout a deux Actes: celui de contempler immédiatement le Principe Intellectuel et de «générer» dans le don, la générosité de sa propre perfection l'Âme Génératrice et Regardant la Nature et dont l'opération est de générer ou de façonner l'Univers matériel, plus bas, inférieur, selon le modèle des Pensées Divines, les «Idées» projetées dans l'Esprit Divin. L'Âme du Tout est la cause motrice du mouvement de même que de la Forme ou de l'Univers matériel, perçu par les sens, qui est l'Acte de l'Âme et son émanation, son image et son ombre.

Avec les forces conjuguées des énergies féminines et masculines, le plan de création peut voir le jour.

4.6 LE CHIFFRE CINQ UNIVERSEL – HORUS, LE PHÉNOMÈNE

Deux symbolise le pouvoir de multiplicité, le féminin, réceptacle mutable, alors que trois symbolise le masculin. Ceci était la «musique des sphères» — les harmonies universelles qui se jouent entre ces deux symboles universels primaux masculin et féminin d'Isis et Osiris, dont le mariage céleste produisit l'enfant Horus.

Tous les phénomènes sans exception sont polaires dans leur nature, et triples dans leur principe. En conséquence, cinq est la clé pour comprendre l'univers manifesté, que Plutarque expliqua dans le contexte égyptien :

«Du mot pente (cinq) est dérivé le mot 'panta' (univers).»

La manière d'écrire le chiffre cinq dans l'Égypte antique témoigne de la portée et de la fonction de ce chiffre. Le chiffre cinq était écrit comme deux I I au-dessus de trois I I I (ou quelquefois comme une étoile à cinq branches). Autrement dit, le chiffre cinq (le fils Horus) est le résultat du chiffre deux (la mère Isis) et du chiffre trois (le père Osiris).

4.7 LA SÉQUENCE NUMÉRIQUE DE LA CRÉATION 2, 3, 5... LA SUITE D'ADDITIONS

La séquence de création numérique d'Isis, suivie par Osiris, suivi par Horus est 2, 3, 5…

C'est une suite progressive dans laquelle on commence par les deux nombres premiers du système de l'ancienne Égypte, à savoir 2 et 3. On ajoute ensuite leur total au nombre précédent et ainsi de suite — chaque nombre est la somme des deux précédents. La suite serait donc :

2
3
5 (3+2)
8 (5+3)
13 (8+5)
21 (13+8)
34 (21+13)
55 (34+21)
89, 144, 233, 377, 610. . .

La Suite d'Additions est reflétée partout dans la nature. Le nombre de graines dans un tournesol, les pétales de chaque fleur, la disposition dans les pommes de pin, le schéma de croissance d'une coquille de nautile, etc. — tous ces exemples suivent le même modèle que cette suite.

[Pour de plus amples informations au sujet de cette Suite d'Additions et son utilisation dans l'Égypte ancienne pendant au moins 4 500 ans, voir *The Ancient Egyptian Metaphysical Architecture* par Moustafa Gadalla.]

Chapitre 5 : LA NATURE DUALISTE

5.1 LA NATURE DUALISTE DE LA CRÉATION – LE DEUX DU UN

Le monde, tel que nous le connaissons, est maintenu ensemble par une loi basée sur la double nature équilibrée de toutes choses (entièretés, unités). Parmi les paires polarisées les plus remarquables, notons : masculin et féminin, impair et pair, négatif et positif, actif et passif, lumière et obscurité, oui et non, vrai et faux – chaque paire représente un aspect différent du même principe fondamental de polarité. Et chaque aspect participe de la nature de l'unité et de la nature de la dualité.

L'expression la plus éloquente sur la double nature est présente dans le texte en ancien égyptien, connu sous le nom de *Papyrus Bremner-Rhind* :

> *«J'étais plus ancien que (les dieux) Anciens que j'ai créés, J'étais (plus) ancien que (les dieux) Anciens, (et) mon nom était (plus) ancien que le leur, (car) j'ai créé l'Ancien-temps et les (dieux) Anciens...»*

5.2 L'ARCHÉTYPE DE L'ANIMAL – LE SERPENT BICÉPHALE NEHEB-KAU

Le serpent représente le principe de dualisation, la capacité du Un à se diviser en Deux.

En observant un serpent, il représente l'Unité avec sa longueur indifférenciée.

C'est l'Unité qui contient le pouvoir qui engendre la dualité.

Le serpent, qui est un animal remarquablement individualiste, possède une langue fourchue (dualité verbale) et un double pénis (dualité sexuelle).

Le serpent, étant l'animal le plus souple, constitue le fournisseur de toutes les différentes formes de la création.

Neheb-Kau – signifiant *le fournisseur des formes/attributs/qualités* – était le nom donné au serpent représentant le serpent/la spirale primordial(e) en Égypte antique.

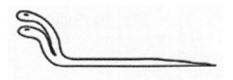

Neheb-Kau est dépeint comme un serpent bicéphale, signe de la nature à double spirale de l'univers.

5.3 PRINCIPALES APPLICATIONS DU PRINCIPE DE DUALITÉ

Chaque aspect dualisant du processus de création est représenté par deux attributs divins – les *neteru*. En fonction de chaque aspect spécifique, le *neteru* de dualisation peut être :

- Une femme et un homme
- 2 femmes
- 2 hommes
- 2 moitiés d'unisexe

Plusieurs duals ont été utilisés dans l'Égypte ancienne pour correspondre aux différentes situations. Un très bref aperçu des applications égyptiennes est présenté ici pour trois domaines :

A- Les Aspects Formatifs de la Création

B- Les Aspects d'unification

C- Les Aspects Cycliques

5.3.A DUALITÉS AVEC CRÉATION/LES ASPECTS FORMATIFS

5.3.A.i *Les dualités jumelles sexuées de la Pré-création*

Les textes égyptiens déclarent que Noun – le chaos de la pré-création – possédait des caractéristiques identifiées à l'aide de quatre paires de puissances/forces primordiales. Chaque paire représente les jumeaux primordiaux au double genre sexué – les aspects masculin/féminin.

Les quatre mâles des paires sont représentés sous la forme de grenouilles. Les quatre femelles prennent la forme de serpents. Les 8 êtres sont dépeints avec leurs jambes attachées, témoignage de leur nature essentielle d'action, tout en étant inertes dans le royaume subjectif (avant la création). Le fait d'avoir les jambes attachées représente leurs énergies potentielles. [Plus d'informations sur l'importance du symbolisme animal sont disponibles dans d'autres publications de l'auteur, telles que *Egyptian Divinities*.]

5.3.A.ii *Shou et Tefnout*

Le duo Shou et Tefnout représente l'acte initial de création : en formant la bulle universelle, le couple de Shou et Tefnout est représenté comme mari et femme, une manière typiquement égyptienne d'exprimer la dualité et la polarité. Cette nature double apparaissait dans les traditions et les textes égyptiens anciens comme l'ont démontré les recherches archéologiques.

Les *Textes des pyramides*, les plus anciens textes de l'Ancien Royaume, expriment la nature double au §1652 :

«...tu as jeté un crachat qui est Shou et tu as lancé un jet de salive qui est Tefnout.»

Une analogie résolument puissante, si l'on pense à l'expression actuelle «être le portrait craché» qui signifie *ressembler exactement à quelqu'un.*

Le concept en Égypte antique de l'univers s'apparente à une boîte. La première chose créée par le Divin est une sorte de bulle, décrite par ailleurs comme un océan infini d'eau. Le ciel est la peau de l'océan infini, qui contient ce que nous appelons l'atmosphère, causée par deux forces que les anciens Égyptiens ont appelées Shou et Tefnout. Shou (air/chaleur) et Tefnout (eau/ humidité) signifient tous les deux «atmosphère». Noun (l'océan cosmique de la pré-création) est la racine à l'origine de la création de Shou et Tefnout.

Tefnut   Shu

La chaleur (Shou) et l'eau (Tefnout) sont les deux facteurs les plus universels de façonnage de formes de vie. Ces termes, qui correspondent respectivement au feu (chaleur) et à l'humidité, doivent être compris comme des métaphores et des significations correspondant aux qualités abstraites qu'ils représentent. Shou, représenté par le feu, l'air et la chaleur correspond aux qualités d'expansivité, d'élévation, de forces centrifuges, de positif, de masculin, d'ouverture, d'extroversion, etc.

Tefnout, représentée par l'humidité et la base matérielle objective de la manifestation (Nout, le suffixe), correspond à la contraction, au mouvement descendant, aux forces centripètes, au négatif, au féminin, à l'introspection réceptive et intérieure, etc.

Le concept égyptien ancien ci-dessus est cohérent avec les théories scientifiques modernes, qui affirment que les galaxies sont soumises à deux forces opposées : 1) les forces d'expulsion, qui provoquent l'éloignement de toutes les galaxies ; et 2) les forces de gravitation/contraction qui rassemblent les galaxies.

5.3.A.iii Isis et Nephtys

Les deux divinités féminines Isis et Nephtys apparaissent ensemble dans de nombreux endroits dans les registres égyptiens. On peut les considérer comme Sœurs Jumelles – ou mieux encore, comme la double nature du principe féminin.

Sur le plan universel, Isis représente la matrice active en expansion appelée l'Univers, et sa sœur jumelle Nephtys représente les limites extérieures ou le périmètre de la bulle universelle. Toutes deux s'assurent une expansion et une contraction ordonnée de la bulle universelle.

Les sœurs jumelles sont chacune le reflet de l'autre. Isis représente la partie visible du monde, tandis que Nephtys en représente la partie invisible.

Isis et Nephtys représentent respectivement les choses qui sont et les choses qui restent à venir en état d'être – le commencement et la fin – la naissance et la mort...

Nebt-Het (Nephthys)   Heru (Horus) sortant de Ausar (Osiris)   Auset (Isis)

Isis symbolise naissance, croissance, développement et vigueur. Nephtys représente la mort, la pourriture, la diminution et l'immobilité. Nephtys représente la mort et est associée à la venue au monde de l'existence de la vie qui jaillit de la mort. Isis et Nephtys étaient toutefois associées l'une à l'autre de manière inséparable, et dans toutes les matières importantes concernant le bien-être des morts, elles agissaient de concert et apparaissaient ensemble sur les bas-reliefs et sur les vignettes.

C'est la double nature féminine, représentée par les Sœurs jumelles.

5.3.A.iv Maati

Les Égyptiens percevaient l'univers en termes de dualité entre Maât – Vérité et Ordre – et désordre. La création du cosmos fut requise à partir d'un chaos indifférencié, en distinguant les deux, en donnant voix à l'ultime idéal de Vérité. Maât, comme représentée ici [tout en haut à droite] est couramment représentée sous sa forme double: Maati.

Dans les scènes du jour du Jugement de l'ancienne Égypte, l'âme du défunt est conduite à la Salle du Jugement de la *Double* Maât. Elle est double puisque la balance ne peut trouver son équilibre qu'avec l'égalité des forces qui s'opposent. Le symbole de Maât est la plume d'autruche qui représente le jugement ou la vérité. Sa plume est d'habitude figurée montée sur la balance. Le cœur, comme métaphore de la conscience, est pesé contre la plume de vérité, ce qui déterminera le destin du défunt. [Plus d'informations vers la fin de ce livre.]

5.3.A.v Rê et Thot

Les textes égyptiens relatifs à la création n'ont eu de cesse de souligner la croyance en la création par le Verbe. Lorsque rien n'existait, à l'exception de l'Unique, celui-ci créa l'univers de sa voix autoritaire. Le *Livre pour Sortir au Jour* (souvent traduit à tort avec le titre *Livre des morts*), l'écrit le plus ancien au monde, déclare :

> *«Je suis l'Éternel... Je suis celui qui a créé le Verbe... Je suis le Verbe...»*

En Égypte antique, les mots de Rê, révélés à travers Thot, devinrent les choses et les créatures de ce monde, donc les mots (dans le sens d'ondes sonores) créèrent les formes dans l'univers.

Les énergies du mot (énergies sonores) de Thot transformaient le concept/l'impulsion de création de Rê (symbolisé en un cercle) en une réalité physique et métaphysique. Cette transformation se reflète dans le processus égyptien de **«quadrature du cercle»**, comme le démontre l'ensemble de leurs papyri mathématiques. Dans tous ces papyri égyptiens, l'aire d'un cercle était obtenue en trouvant le carré équivalent. Le diamètre était toujours représenté par 9 coudées. Les papyri d'Égypte antique donnent le carré de côté 8 comme de même surface qu'un cercle de diamètre 9.

Le chiffre 9, en tant que diamètre, représente la Grande Ennéade, le groupe de 9 *neteru* (dieux, déesses). Le 9 représente tous les aspects de Rê, la force primitive de la création cosmique, dont le symbole est/était le cercle.

Comme nous le verrons plus loin, le 8 représente la création manifestée, telle que représentée par le *Maître de Huit*, à savoir Thot.

En musique, le rapport de 8:9 est appelé (de manière tout à fait légitime) le ton majeur. Les sanctuaires de temples, tels que le sanctuaire de Louxor, présentaient une forme rectangulaire de 8:9.

5.3.A.vi Isis et Osiris – Le duo dynamique

Isis et Osiris sont le duo dynamique qui régule l'action au sein de la bulle universelle qui contient toute la création.

Diodore de Sicile décrit le mieux les aspects les plus importants de cette dualité lorsqu'il écrit dans le *Volume I* :

> *«Isis et Osiris maintiennent, règlent l'Univers entier, prodiguant à la fois nourriture et accroissement en toutes choses...»*

[Plus d'informations ont été données plus haut dans le chapitre 4 ci-dessus, et des informations supplémentaires sont données dans les chapitres suivants de ce livre.]

5.3.A.vii Seth et Horus et Osiris – Le pouvoir de l'opposition

L'état de pré-création [tel que décrit précédemment] a été causé par l'effet de forces de gravitation/contraction qui ont tiré et écrasé des atomes hors de leurs orbites.

L'acte de création consistait/consiste en la mise en ordre des atomes, en contrant/opposant les forces d'écrasement. Ainsi, pour les anciens Égyptiens, les forces d'opposition étaient nécessaires pour la création et sa persistance.

Le *neter* (énergie/pouvoir/force) Seth représente le rôle universel de l'opposition.

Le monde tel que nous le connaissons – de la particule la plus infime à la planète la plus grande – maintient son équilibre grâce à une loi fondée sur la nature double en équilibre de toute chose. Sans l'équilibre entre deux forces contraires, il n'y aurait pas de création et donc aucun univers.

C'est pour cela que Seth ne représente pas le mal au sens strict. Il représente le concept d'opposition dans tous les aspects de la vie (du point de vue physique et métaphysique).

Contrairement aux théologiens chrétiens, la question de la nature et de l'existence de Seth ne posa pas de problème aux Égyptiens.

Horus et Seth

Chacun d'entre nous possède fondamentalement deux forces : l'une nous tirant vers le bas dans la boîte, et l'autre nous tirant hors de la boîte. Cet archétype de lutte intérieure dans le modèle égyptien est symbolisé par la lutte entre Horus et Seth, une lutte entre les forces opposées. Horus, dans ce contexte, est l'homme divin, né de la nature, qui doit combattre Seth, appartenant à sa famille et représentant le pouvoir de l'opposition et non le mal au sens strict. Seth représente le concept d'opposition dans tous les aspects de la vie (du point de vue physique et métaphysique).

Nous devons sans cesse apprendre et évoluer à l'image d'Horus, dont le nom signifie *Celui qui est au-dessus*. En d'autres termes, nous devons aspirer à toujours plus de grandeur. Nous apprenons et nous agissons par l'affirmation de notre Horus et la négation de notre Seth intérieurs. Les obstacles en nous, représentés par Seth, doivent être contrôlés et/ou dépassés en combattant nos ennemis (impuretés) intérieurs.

Osiris et Seth

Osiris, figure de Celui qui manifeste la vérité, a toujours suscité l'opposition de Seth. Adoptant la forme de récit typique de l'Égypte antique, Plutarque évoque dans ses *Œuvres morales, Vol. V* (356, 13) l'épisode dans lequel Osiris a été invité par Seth à un festin où ce dernier, avec l'aide de ses complices, amena Osiris à s'allonger dans un coffre richement décoré en usant de la ruse. Plutarque poursuit de la manière suivante :

> «...*À l'instant tous ceux qui étaient là s'élancèrent, et fermèrent précipitamment le couvercle. Les uns l'assujettissent au dehors par des clous, les autres le scellent avec du plomb fondu. On le porte ensuite au fleuve, et on le fait descendre jusque dans la mer* [...] *Ces événements se passèrent, dit-on, le dix-sept du mois Athyr* [27 novembre], *qui est celui où le Soleil passe par le signe du Scorpion.*»

Les événements du 17 Athyr (27 novembre), tels que décrits par Plutarque, possèdent toutes les caractéristiques de la Cène biblique, à savoir la conspiration, le festin, les amis et la trahison. Cependant, pour les anciens Égyptiens, cette histoire présente d'autres significations. Dans ses *Œuvres morales, Vol. V* (366, 39 D), Plutarque écrit :

> «*En effet, ce qu'on dit du corps d'Osiris renfermé dans le cercueil ne semble désigner autre chose, que l'affaissement des eaux du Nil et leur disparition* [...] *c'est l'époque où* [...] *le Nil se retire et laisse la contrée à découvert. C'est alors que les nuits deviennent plus longues, que l'obscurité augmente et prévaut sur la lumière dont elle triomphe.*»

La relation *antagoniste* entre Osiris et Seth – en ce qui concerne les conditions environnementales – est mentionnée par Plutarque dans ses *Œuvres morales, Vol. V* (364, 33 B) comme suit :

> «...*Les Égyptiens ne se contentent pas de dire qu'Osiris est le*

Nil, et que Typhon est la mer. Ils pensent qu'Osiris est le principe et la puissance d'où est formé l'humide, que c'est l'auteur de tout ce qui a vie, qu'il est l'essence des germes. Typhon, au contraire, est, selon eux, toute chaleur ignée, tout ce qui est sec, tout ce qui combat l'humide...

...Les embûches dressées par Typhon et sa tyrannie ne représentaient rien autre chose que l'intensité de la sécheresse, laquelle neutralise et absorbe l'humidité qui donne naissance au Nil et produit ses débordements.»

5.3.B LES ASPECTS D'UNIFICATION

i – Les «deux plantes»
ii – Horus et Thot
ii – Deux Apis [Unisexe]
iv – Qareen des Deux Terres

5.3.B.i Les «deux plantes»

Les temples de l'Égypte antique affichent de nombreuses représentations symboliques concernant l'union des Deux terres, où deux divinités relient une ligne de bourgeons ouverts avec une ligne de bourgeons fermés. Ces bourgeons sont, à tort, associés aux plantes de papyrus et de lotus. Aucune de ces plantes ne provient d'une zone spécifique en Égypte.

On retrouve ces deux formes, ouverte et fermée, dans des scènes de marécages. Ces deux formes s'alternent également sur le périmètre de filets tout au long de l'histoire égyptienne.

La forme fermée représente le non manifesté métaphysique caché. La forme ouverte représente le physique, le manifesté.

5.3.B.ii- Horus et Thot – Les facultés cosmiques

L'action associée d'Horus et de Thot effectuant l'*Union* symbolique *des Deux Terres*, dépeinte dans de nombreuses illustrations des temples d'Égypte antique, représente l'une des applications les plus notables de la dualité dans les monuments égyptiens.

Heru   Tehuti

Horus représente la conscience, l'esprit, l'intellect et est identifié avec le cœur. Thot représente la manifestation et la déclaration et est identifié avec la langue.

Dans la tradition de l'Égypte antique, les facultés d'Atam étaient l'intelligence, qui était identifiée avec le cœur et représentée par Horus, un *neter* (dieu) solaire, et l'action, qui était identifiée avec la langue et représentée par Thot, un *neter* (dieu) lunaire.

Les *neteru* solaires et lunaires soulignent son caractère universel.

Sur la Pierre de Chabaka (qui date du 8e siècle avant notre ère, mais qui est une reproduction d'un texte de la 3e Dynastie), nous pouvons lire :

> *Horus est advenu par lui (= le cœur); Thot est advenu par lui (= langue), en tant que Atam.*

Nous pensons avec notre cœur, nous agissons avec notre langue,

comme le décrit la Pierre de Chabaka :

> *C'est lui (le cœur) qui fait que sorte toute connaissance, c'est la langue qui proclame les pensées du cœur.*

5.3.B.iii Deux Apis [Unisexe]

Le pharaon égyptien était toujours appelé le *Seigneur des Deux Terres*. Le milieu universitaire occidental a décrété de manière quelque peu cavalière que les Deux Terres n'étaient autres que la *Haute et la Basse-Égypte*. Aucune référence d'Égypte antique ne vient confirmer cette notion ni ne définit de frontière d'aucune sorte entre la Haute et la Basse-Égypte.

Dans les temples de l'Égypte antique, vous trouverez de nombreuses représentations symboliques concernant l'union des Deux terres, où deux divinités relient une ligne de bourgeons ouverts avec une ligne de bourgeons fermés. Ces bourgeons sont, à tort, associés aux plantes de papyrus et de lotus. Aucune de ces plantes ne provient d'une zone particulière en Égypte.

En observant Apis de plus près, cette figure ressemble à une divinité unisexe dépeinte avec un visage masculin et une poitrine féminine.

5.3.B.iv Qareen des Deux Terres

L'expression *Deux Terres* est très courante chez les Égyptiens baladis, qui l'utilisent dans leur vie quotidienne. Cette expression témoigne de leur profonde croyance en l'existence de *Deux Terres* : celle où nous vivons et celle où vivent nos jumeaux identiques (de sexe opposé). Les deux êtres vivent les mêmes expériences depuis le jour de leur naissance jusqu'à leur mort. Chacun de nous est destiné à retrouver au moment de sa mort son jumeau «siamois», duquel il est «apparemment» séparé à la naissance.

Les recenseurs égyptiens baladis décrivent, dans leurs lamentations après le décès d'une personne, la manière dont le défunt est préparé à rejoindre son homologue (du sexe opposé), COMME S'IL s'agissait d'une cérémonie nuptiale. Ceci n'est pas sans rappeler de nombreuses illustrations symboliques en Égypte antique de l'union des Deux Terres, puisque se marier correspond bien à «s'unir par les liens du mariage».

Dans le langage courant égyptien, le terme Qareen signifie l'époux/épouse.

Les *Textes des pyramides* (ou *Textes d'Ounas*) évoquaient déjà l'union du Pharaon Ounas (2356-2323 avant notre ère) et d'Isis immédiatement après son départ du royaume terrestre. Ceci repose sur l'hypothèse suivante : tout homme étant Osiris dans sa forme «morte», chacun retrouve son homologue (Isis dans le cas d'un homme), au moment de quitter la Terre.

5.3.C LES ASPECTS CYCLIQUES

    i – Osiris et Horus
    ii – Rê et Osiris

5.3.C.i *Osiris et Horus*

Père «et» fils

Dans l'allégorie égyptienne, Isis – femme d'Osiris – fut capable de concevoir son fils Horus sans l'imprégnation d'Osiris. Il s'agit de la première Immaculée Conception enregistrée dans l'Histoire.

Les Égyptiens considéraient Osiris et Horus comme Un, présenté sous deux formes complémentaires.

La relation interchangeable entre le Père et le Fils est illustrée de manière éloquente ci-après, lorsqu'Horus naît d'Osiris, après la mort de ce dernier – tandis que le disque solaire s'élève avec le nouveau-né.

Nebt-Het   Heru (Horus) sortant   Auset
(Nephthys)   de Ausar (Osiris)   (Isis)

L'expression courante «*Le Roi est mort. Vive le Roi!*» traduit parfaitement ce concept, ici considéré comme «*Osiris est mort. Vive Horus!*»

Osiris et Horus ne furent jamais, ni l'un ni l'autre, considérés d'un point de vue historique.

Osiris représente le mortel portant en lui la capacité et le pouvoir du salut spirituel.

Osiris symbolise le subconscient, la capacité d'agir, de faire. Quant à Horus, lui, il symbolise la conscience, la volonté, le potentiel d'action.

Une fois le jour du Jugement dernier venu, Horus, fils d'Isis, agit en médiateur entre le défunt et son père Osiris. Tous les Égyptiens souhaitaient/souhaitent que le Fils de Dieu Horus les amène (morts) à la vie, comme le décrivent ces tombes égyptiennes.

Le Cycle de l'Eau d'Osiris et d'Horus

La dualité d'Osiris et d'Horus se reflète dans le cycle de l'eau, tel qu'il est représenté dans les quatre éléments universels : Eau, Air, Feu et Terre.

Les quatre éléments du monde (eau, feu, terre et air), tels que cités par Plutarque dans ses *Œuvres morales, Vol. V* :

> *«...Les Égyptiens ne se contentent pas de dire qu'Osiris est le Nil, et que Typhon est la mer. Ils pensent qu'Osiris est le principe et la puissance d'où est formé l'humide, que c'est l'auteur de tout ce qui a vie, qu'il est l'essence des germes. Typhon, au contraire, est, selon eux, toute chaleur ignée, tout ce qui est sec, tout ce qui combat l'humide. Comme le Nil, à leurs yeux, découle d'Osiris, de même ils sont convaincus que le corps d'Isis est la terre; non pas la terre tout entière, mais la partie que le Nil envahit en la fécondant et en se mêlant avec elle. C'est de cette union qu'ils font naître Horus. Horus n'est autre chose que la température et la disposition de l'air ambiant, grâce auquel toutes choses sont entretenues et nourries. Les embûches dressées par Typhon et sa tyrannie ne représentaient rien autre chose que l'intensité de la sécheresse, laquelle neutralise et absorbe l'humidité qui donne naissance au Nil et produit ses débordements.»*

Nous voyons ici de quelle manière le cycle de l'eau est représenté sous forme d'histoire.

L'eau originelle est Osiris, qui s'évapore dans l'air à cause de la chaleur de Seth et devient Horus.

Ensuite, en temps voulu, la vapeur d'eau montante d'Horus reprend la forme de l'eau par condensation et redevient Osiris.

Et ainsi de suite…

5.3.C.ii Rê et Osiris

Dans les textes égyptiens, Rê et Osiris sont présentés comme les *Âmes Jumelles*.

Étymologiquement parlant, la relation entre Rê/Ra et Osiris parle d'elle-même. Le terme égyptien pour Osiris est Aus-Ra.

Le mot Aus signifie *le pouvoir de*, ou *la racine de*. Ainsi, le nom Ausar comprend deux parties, Aus et Ra, et signifie *le pouvoir de Ra*, dans le sens de *la renaissance de Ra*.

Le cycle perpétuel de l'existence, le cycle de la vie et de la mort, est symbolisé par Ra (Rê) et Ausar (Osiris). Ra est le *neter* vivant qui descend dans la mort pour devenir Ausar, le *neter* des morts. Ausar remonte et revient à la vie en tant que Ra. La création est continue, tel un flux de vie progressant vers la mort. Mais de la mort naît un nouveau Ra, faisant germer une nouvelle vie. Ra est le principe cosmique de l'énergie qui évolue vers la mort, tandis qu'Ausar représente le processus de la renaissance. Ainsi, les termes de vie et de mort deviennent interchangeables : la vie correspond à une mort lente, tandis que la mort signifie la résurrection vers une nouvelle vie. Le défunt est identifié dans la mort avec Ausar, mais il reviendra à la vie et sera identifié avec Ra.

Le cycle perpétuel d'Ausar et de Ra occupe une place prépondérante dans les textes de l'Égypte antique, tels que :

• *Le Livre pour Sortir au Jour* : tous deux, Ausar et Ra vivent, meurent et renaissent. Dans les Enfers, les âmes d'Ausar et de Ra se rencontrent [voir ci-dessous l'illustration du *Papyrus d'Ani*] et sont unies pour former une entité décrite avec éloquence :

> *Je suis celui dont les deux Âmes résident dans ses deux Poussins.*

Ra   Ausar

Dans le chapitre 17 du *Livre pour Sortir au Jour*, le défunt, identifié comme Ausar, déclare :

> *«À moi appartient hier, et je connais demain.»*

- Le commentaire égyptien à ce passage explique :

> *«Qui est-ce? – Hier est Ausar, demain est Ra.»*

- Dans la tombe de la Reine Néfertari (épouse de Ramsès II), figure une célèbre représentation du *neter* (dieu) solaire mort, affichant un corps momiforme et la tête d'un bélier, accompagné d'une inscription, à droite et à gauche :

Ra repose en Osiris.
Osiris repose en Ra.

- Les *Litanies de Rê* représentent fondamentalement une amplification détaillée d'un bref extrait du chapitre 17 du *Livre pour Sortir au Jou*r, décrivant la fusion d'Osiris et de Ra en une ***Âme Jumelle***.

Chapitre 6 : TROIS – LA TRINITÉ UNIE

6.1 LE PREMIER CHIFFRE IMPAIR

Comme nous l'avons vu précédemment, Plutarque remarqua que, pour les Égyptiens, Un n'était pas un chiffre (impair) et que trois **était le premier nombre impair parfait.** Les Égyptiens considéraient qu'un n'était pas un nombre, mais l'essence du principe sous-jacent de nombre, puisque tous les autres nombres sont composés par un. Un représente l'Unité : l'Absolu en tant qu'énergie non polarisée. Un n'est ni pair ni impair, mais les deux, puisque si on l'ajoute à un nombre impair, ce dernier devient pair et vice versa. Il associe donc les opposés de pair et d'impair, et tous les autres opposés dans l'univers. L'unité est une conscience parfaite, éternelle et indifférenciée.

6.2 LE TROIS-EN-UN

Comme nous l'avons vu au chapitre 5 du présent ouvrage, trois composants sont nécessaires pour créer quelque chose et lui donner vie. Les textes égyptiens nous montrent que l'Unité, prenant conscience d'elle-même, crée une énergie polarisée : deux nouveaux éléments, partageant chacun la nature de l'Un et de l'Autre, étant chacun le reflet de l'autre.

Telle est l'expression de l'énergie sortant de la Divinité, comme l'exprime de manière éloquente le texte en égyptien ancien connu sous le nom de *Papyrus Bremner-Rhind* :

> *« J'étais plus ancien que (les dieux) Anciens que j'ai créés,*

J'étais (plus) ancien que (les dieux) Anciens,
(et) mon nom était (plus) ancien que le leur,
(car) j'ai créé l'Ancien-temps et les (dieux) Anciens...»

Le prototype de génération comprend ainsi trois éléments de la Trinité créatrice.

Les anciens Égyptiens reconnaissaient l'importance de la trinité dans le processus de création. Ainsi, les textes de l'Égypte antique présentaient la trinité comme une unité exprimée par le pronom singulier, à savoir le Trois qui est Deux qui est Un.

Les principes de la création sont l'unité, la dualité et la trinité, comme l'explique clairement le *Papyrus Bremner-Rhind* en égyptien ancien :

> *«Je suis venu à l'existence en tant que dieu (neter) unique, et voici qu'il y eut trois dieux en plus de moi...»,* en évocation à la triade d'Atam et au duo Shou et Tefnout.

Les différentes trinités sont liées à la nature diverse de la dualité comprise dans chaque trinité. Le chapitre 5 de ce livre a révélé la Trinité de la manifestation sous la forme d'Atam-Isis-Osiris.

6.3 AUTRES APPLICATIONS DE LA TRINITÉ EN ÉGYPTE

Les anciens Égyptiens ont réalisé le rôle physique et métaphysique de la Trinité, dans la mesure où chaque unité possède un triple pouvoir et une double nature. Voici quelques exemples venant étayer ce constat :

1 – Le cycle de création comprend trois phases : la conception, la manifestation et le retour à la source.

2 – La stance 300 du *Papyrus de Leyde J. 350* en égyptien ancien déclare l'unité des trois principes, Amon, Rê et Ptah, en un Être. La stance 300 affirme en effet :

«Ils sont trois les dieux souverains (neteru), Amon, Rê et Ptah [...]. Celui dont le nom est caché est Amon ; c'est(encore) lui qui estRê, en tant que visage, et Ptah lui sert de corps.»

Un superbe exemple de Sainte-Trinité.

3 – Caractéristique principale des temples égyptiens, l'architecture tripartie est destinée à conserver précieusement le triple pouvoir (trois *neteru*) de chaque temple.

4 – Les anciens Égyptiens considéraient le chiffre 3/les triades/ les trinités/les triangles comme une même et unique chose. Il n'y avait pas de différence fonctionnelle entre les triangles géométriques, les triades musicales, ou les nombreuses trinités de l'Égypte ancienne. Plutarque a donné l'exemple le plus explicite à propos du triangle rectangle de dimensions 3-4-5, dans ses *Œuvres morales Vol. V* :

«Il paraît probable que c'est au plus beau des triangles, au triangle rectangle, que les Égyptiens assimilent spécialement la nature de l'Univers...»

En d'autres termes, les triangles/triades sous leurs différentes formes représentent différentes natures de l'univers.

5 – Le calendrier égyptien est divisé en 3 (et non en 4) saisons, qui correspondent aux fluctuations du débit du Nil. Ce fleuve est considéré comme l'effusion d'Osiris [tel qu'indiqué par Plutarque dans ses *Œuvres morales, Vol. V*].

6 – Dans la numérologie de l'Égypte ancienne, Osiris représente le chiffre 3.

Chapitre 7 : LA STABILITÉ DU QUATRE

Le chiffre quatre signifie solidité et stabilité. Propriété spécifique du quatre, il s'agit du premier carré parfait, puisque c'est le produit de deux multiplié par lui-même, et tout nombre multiplié par lui-même est une racine (carrée) et le produit est un carré parfait. Les exemples suivants provenant de l'Égypte antique montrent l'importance du chiffre 4 :

1. Les textes égyptiens affirment que le chaos de la pré-création présentait des caractéristiques identifiées comme quatre paires de forces/puissances primordiales. Chaque paire représente les jumeaux au double genre sexué, les aspects masculin/féminin. Les quatre paires correspondent aux quatre forces de l'univers (la force faible, la force puissante, la gravité et l'électromagnétisme).

2. Les anciens Égyptiens possédaient quatre centres principaux d'enseignement cosmologique: Héliopolis, Memphis, Thèbes et Khemenou (Hermopolis). Chaque centre révéla l'une des principales phases ou l'un des principaux aspects de la genèse.

L'Égypte possède maintenant 4 méthodes d'apprentissage soufi, qui furent créées au 11e siècle de notre ère, pour conserver les traditions de l'Égypte antique sous l'autorité islamique.

3. Les Égyptiens utilisaient les quatre phénomènes simples (feu, air, terre et eau) pour décrire les rôles fonctionnels des

quatre éléments nécessaires à la matière. L'eau est la somme – le principe composite du feu, de la terre et de l'air. L'eau est également la substance au-dessus et au-delà des autres éléments.

Ces concepts étaient exprimés dans les textes de l'Égypte antique sous la forme de Noun/Nouou, l'eau (liquide) primitive qui contient tous les éléments de l'univers. Plutarque le confirma dans ses *Œuvres morales, Vol. V* :

> *«En effet, la substance humide qui, dès l'origine, a été le principe générateur de toute chose produisit d'abord trois éléments, la terre, l'air et le feu.»*

Les quatre éléments du monde (eau, feu, terre et air), ainsi cités dans les *Œuvres Morales Vol. V* de Plutarque :

> *«...Les Égyptiens ne se contentent pas de dire qu'Osiris est le Nil, et que Typhon est la mer. Ils pensent qu'Osiris est le principe et la puissance d'où est formé l'humide, que c'est l'auteur de tout ce qui a vie, qu'il est l'essence des germes. Typhon, au contraire, est, selon eux, toute chaleur ignée, tout ce qui est sec, tout ce qui combat l'humide. Comme le Nil, à leurs yeux, découle d'Osiris, de même ils sont convaincus que le corps d'Isis est la terre ; non pas la terre tout entière, mais la partie que le Nil envahit en la fécondant et en se mêlant avec elle. C'est de cette union qu'ils font naître Horus. Horus n'est autre chose que la température et la disposition de l'air ambiant, grâce auquel toutes choses sont entretenues et nourries. Les embûches dressées par Typhon et sa tyrannie ne représentaient rien autre chose que l'intensité de la sécheresse, laquelle neutralise et absorbe l'humidité qui donne naissance au Nil et produit ses débordements.»*

Osiris   Isis   Horus   Seth

4. La stance 40 du *Papyrus de Leyde J. 350* introduit le «Devenir», en parlant de l'Artisan Divin de l'univers, symbolisé par Ptah, *Celui qui manifeste les formes.*

En Égypte antique, Ptah était la force de création cosmique, celle qui façonnait et donnait forme (le forgeron). Il était le feu créateur et coagulant ; il était à la fois la cause (du monde créé) et l'effet (de la scission).

Le principal centre cosmologique de Ptah se trouvait à Memphis, l'un des quatre principaux centres de cosmologie en Égypte antique.

5. Le pilier Djed, symbole du support de la création, contient quatre éléments.

6. Voici d'autres applications encore : les 4 enfants du *neter* (dieu) Geb (représentant l'aspect physique/matériel universel), les 4 points cardinaux, les 4 régions du ciel, les 4 piliers du ciel (support matériel du royaume de l'esprit), les 4 disciples (fils) d'Horus, les 4 vases canopes destinés à recevoir les 4 organes du défunt.

Chapitre 8 : LA CINQUIÈME ÉTOILE

8.1 LE PHÉNOMÈNE NUMÉRIQUE UNIVERSEL

La manière d'écrire le chiffre cinq en Égypte antique témoigne de l'importance et de la fonction de ce chiffre. Le chiffre cinq était écrit comme 2 (II) au-dessus de 3 (III), ou comme une étoile à cinq branches. Autrement dit, le chiffre 5 est le résultat de la relation entre le chiffre 2 et le chiffre 3.

Deux symbolise le pouvoir de multiplicité, la femelle, le récipient mutable, tandis que Trois symbolise le mâle. Il s'agissait de la «musique des sphères», les harmonies universelles jouées entre les deux symboles universels primordiaux mâle et femelle qu'étaient Osiris et Isis, dont le mariage céleste enfanta leur fils Horus.

Plutarque confirma cette sagesse égyptienne dans ses *Œuvres morales, Vol. V* :

> *«En effet trois [Osiris] est le premier nombre impair et parfait; quatre est le carré de deux, premier nombre pair [Isis] ; et cinq [Horus], qui est composé de trois et de deux, tient à la fois et de son père et de sa mère. Du mot pente (cinq) est dérivé le mot 'panta' (univers), ainsi que le verbe 'pempazô', qui signifie 'compter avec les cinq doigts'. De plus, 5 élevé au carré donne un nombre égal à celui des lettres de leur alphabet.»*

Cinq incorpore les principes de polarité (II) et de réconciliation (III). Tous les phénomènes, sans exception aucune, sont polaires par nature et triples par principe. Ainsi, d'après Plutarque, cinq est la clé de compréhension de l'univers manifesté dans la pensée égyptienne.

«Du mot pente (cinq) est dérivé le mot 'panta' (univers).»

Cinq représente le bloc de construction dans le processus de création.

Le chiffre cinq est considéré comme le chiffre le plus important en mathématiques, en philosophie et en musique. [Vous trouverez plus de détails à ce sujet dans d'autres publications de l'auteur.]

Chaque chiffre possède une ou plusieurs propriétés spécifiques, à savoir des qualités particulières de l'objet décrit qui ne sont partagées avec aucun autre. La propriété spécifique du cinq est la suivante : il s'agit du premier chiffre récurrent, également appelé sphérique.

Cinq est le premier chiffre récurrent, parce que lorsqu'il est multiplié par lui-même, il revient à lui-même et si ce nombre est multiplié par lui-même, il revient de nouveau à son essence, et ce jusqu'à l'infini. Ainsi, par exemple, cinq fois cinq fait vingt-cinq, et le produit de vingt-cinq par vingt-cinq est six cent vingt-cinq, et si ce nombre est de nouveau multiplié par lui-même, le produit est 390 625, et si ce nombre est multiplié par lui-même, le produit finit encore par vingt-cinq. Cinq se conserve toujours, ainsi que tout ce qui en découle, quel qu'en soit le résultat.

Cinq est également appelé le premier chiffre «universel». C'est celui qui conçoit, accélère, développe et produit toutes choses perçues et présentées par le Saint-Esprit.

8.2 LES CINQ PHASES D'HORUS

Horus est la personnification de l'objectif de tous les enseignements initiés et est ainsi associé au chiffre cinq, puisqu'il est le cinquième, après Isis, Osiris, Seth et Nephtys. Horus est également le chiffre 5 dans le triangle rectangle 3-4-5, comme le confirme Plutarque.

Horus déclare, dans le *Livre pour Sortir au Jour* (connu sous le nom erroné de *Livre des morts*) [c. 78],

> **«C'est moi Horus dans la gloire» ; «Je suis le Seigneur de la Lumière» ; «Je suis le victorieux... Je suis l'héritier du temps sans fin» ; «j'irai et je reviendrai d'une extrémité du ciel à l'autre.»**

Les vers ci-dessus en égyptien ancien, ont été repris par la suite dans les paroles de Jésus *«Je suis la lumière du monde»* et encore *«Je suis le chemin, la vérité et la vie»*.

En égyptien ancien, Horus signifie *Celui qui est au-dessus*. Ainsi, Horus représente le principe divin réalisé. Incarnant l'objectif de tous les enseignements initiés, Horus est toujours dépeint en train d'accompagner l'âme réalisée à la Source.

En tant que modèle d'existence terrestre, Horus est représenté sous différentes formes et différents aspects, afin de correspondre aux étapes du processus de spiritualisation.

Les cinq formes courantes d'Horus sont les suivantes :

1. Hor-Sa-Iset, qui signifie Horus fils d'Isis. Horsiesis (ou Harsiésis). Il apparaît souvent comme un enfant allaité par Isis, une représentation identique (mais antérieure) de l'image chrétienne de la Vierge Marie et de son fils. Dans le cycle de vie d'une personne, cette étape correspond à l'âge de la dépendance totale.

2. Horpakhered, qui signifie Horus l'Enfant [Harpocratès]. Il apparaît souvent avec son index devant la bouche, symbolisant la prise de connaissance. C'est l'âge de l'apprentissage, avec un esprit curieux.

3. Horus de Béhédet [Edfou] représente Horus qui a vengé la mort de son père et s'est envolé dans le ciel, sous la forme d'un disque ailé. Dans la vie de l'homme, cette forme représente l'étape de travail et de lutte pour rejoindre des sphères spirituelles supérieures, afin de s'envoler victorieux vers les cieux. On a retrouvé des représentations d'Horus de Béhédet dans la plupart des structures d'Égypte antique, mais avant tout au temple d'Edfou.

4. Horour, qui signifie Horus l'Ancien ou Horus le Grand, ou Haroeris/Haroueris. Il est habituellement dépeint comme une divinité mâle à la tête de faucon, portant la double couronne. Cette forme représente l'âge de la sagesse, d'où le titre Horus l'Ancien. L'Ancien est dépeint dans de nombreux temples d'Égypte antique, mais avant tout à Kom Ombo.

5. Horakhty [Harmachis], qui signifie Horus sur/de l'Horizon – une forme d'un nouveau soleil du matin. Horakhty signifie le renouveau/le nouveau commencement, le nouveau jour. Cette étape se manifeste sous la forme de Rê-Horakhty.

8.3 LE DESTIN – L'ÉTOILE À CINQ BRANCHES

Les stances 50 et 500 en égyptien ancien du *Papyrus de Leyde J. 350*, dont le premier mot *dua* signifie à la fois *cinq* et *vénérer*, représentent des hymnes d'adoration exaltant les merveilles de la Création.

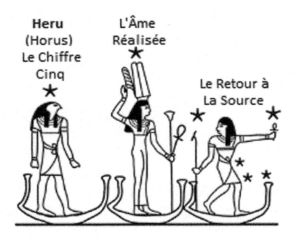

En Égypte antique, l'étoile était dessinée avec cinq branches. L'étoile était le symbole égyptien du destin et du chiffre cinq.

L'étoile égyptienne à cinq branches forme les angles du pentagone, harmonieusement inscrit dans le Cercle Sacré de Rê. L'étoile était le symbole égyptien du destin et du chiffre cinq.

Les étoiles à cinq branches accueillent les âmes qui ont quitté la terre avec succès, comme l'indiquent les *Textes funéraires d'Ounas* (connus sous le nom de *Textes des pyramides*), à la ligne 904 :

«N est une âme comme une étoile vivante...»

Les étoiles égyptiennes à cinq branches figurent dans l'ensemble des tombeaux et temples érigés tout au long de l'histoire de l'Égypte antique.

Chapitre 9 : LE SIX CUBIQUE

Nous avons vu dans le chapitre précédent que cinq termes sont nécessaires pour représenter la «création». Six fournit la structure pour l'accomplissement des potentialités. Cette structure comprend le temps et l'espace. En ce sens, nous pourrions appeler Six le chiffre du monde. Cinq, en devenant Six, engendre ou crée le temps et l'espace.

La propriété spécifique du chiffre six réside dans le fait qu'il s'agit du premier chiffre parfait, à savoir si la somme des diviseurs d'un chiffre correspond au chiffre lui-même, ce dernier est qualifié de «parfait», et six est le premier. La moitié de six est trois, son tiers est deux et son sixième est un, et si ces diviseurs sont additionnés, la somme est égale à six.

Le chiffre 6 ne continue pas à perpétuité comme le chiffre cinq. Sa suite est 6 – 36 – 1 296. Six fois six trente-six ; six revient et trente apparaît. Lorsque l'on multiplie trente-six par lui-même, le produit est 1 296, six apparaît de nouveau, mais pas trente. Donc le chiffre six se conserve lui-même, mais pas ce qui en dérive. Cinq, au contraire, se conserve lui-même et ce qui en dérive, et ce à l'infini.

Six est le chiffre cosmique du monde matériel et symbolise donc pour les Égyptiens le temps et l'espace. Le temps et l'espace sont deux faces d'une même pièce, qui est parfaitement représentée en astronomie et dans son application, l'astrologie. Les scientifiques concordent désormais sur le fait qu'il y a un lien très étroit entre l'espace et le temps, si étroit même que l'un ne peut exister sans l'autre.

1. Temps – Tout ce qui concerne la mesure du temps était et est pour les Égyptiens anciens basé sur le chiffre six ou ses multiples. Une journée compte 24 (6×4) heures, dont 12 (6×2) heures le jour et 12 (6×2) heures la nuit. Une heure est composée de 60 (6×10) minutes, elles-mêmes composées de 60 secondes. Il y a 30 (6×5) jours dans un mois, et 12 (6×2) mois dans une année. La grande année du zodiaque comptait 12 ères astrologiques (signes du zodiaque).

2. Espace (Volume) – l'espace nécessite 6 directions pour être défini : en haut et en bas, en avant et en arrière, à gauche et à droite. Le cube, figure parfaite à 6 faces, était utilisé en Égypte comme symbole de l'espace (volume).

Les Égyptiens étaient tout à fait conscients de la structure en boîte, qui représente le modèle de la Terre et du monde matériel. La forme de statues appelée «statue cube» est omniprésente depuis le Moyen Royaume (2040-1783 avant notre ère). Le sujet était intégré dans la forme cubique de la pierre. Ces statues cubes conféraient l'idée puissante de l'émergence du sujet hors de la prison du cube. Dans sa portée symbolique, le principe spirituel émerge du monde matériel. La personne terrestre est placée sans équivoque dans une existence matérielle.

La personne divine est assise directement sur un cube, incarnant ainsi l'esprit au-dessus de la matière.

D'autres traditions, telles que les théories platoniciennes et pythagoriciennes, ont adopté le même concept de la représentation cubique égyptienne du monde matériel.

Chapitre 10 : LE SEPT CYCLIQUE

L'univers est construit en vertu de la nature des chiffres. Le chiffre sept est le premier chiffre complet puisqu'il contient les significations de tous les chiffres (précédents). Tous les chiffres étant pairs ou impairs, deux est le premier chiffre pair et quatre le deuxième; trois est le premier chiffre impair et cinq le deuxième. Si le premier chiffre impair est ajouté au deuxième chiffre pair, ou si le premier chiffre pair est ajouté au deuxième chiffre impair, la somme est sept. Donc, si vous ajoutez deux, le premier chiffre pair, à cinq, le premier chiffre impair, la somme est sept; de même, si vous ajoutez trois, qui est le premier chiffre impair, à quatre, qui est le deuxième chiffre pair, la somme reste sept. Et si un, qui est la source de tous les nombres, est ajouté à six, qui est un chiffre parfait, la somme est sept – un chiffre complet. Voici leur table : 1 2 3 4 5 6 7. Ceci représente une propriété spécifique du chiffre sept qu'aucun autre chiffre ne possède.

Les nombres 7, 9, 12 et 28 sont les premiers nombres qualifiés de complets (kamil), carrés impairs, excédents et parfaits respectivement. L'exclusivité de ces nombres est d'une part due au fait que $7 = 3 + 4$; $12 = 3 \times 4$; $28 = 7 \times 4$ et d'autre part que $7 + 12 + 9 = 28$.

La manière d'écrire le chiffre sept dans l'Égypte antique témoigne de l'importance et de la fonction de ce chiffre. Étant donné que 7 signifie l'union de l'esprit (Trois III) et de la matière (Quatre IIII), il était écrit dans ce format (montré ici).

L'une des formes qui exprime traditionnellement la signification de 7 est la pyramide, qui associe une base carrée symbolisant les quatre éléments et les côtés triangulaires symbolisant les trois modes de l'esprit.

Du point de vue ésotérique, du fait que tous les nombres sont considérés comme des divisions de l'unité, la relation mathématique qu'un nombre possède avec l'unité représente la clé de sa nature. Trois et sept sont tous deux des nombres en «mouvement perpétuel». Divisés dans l'unité, leur division est infinie.

> 1/3 = .33333…
> 1/7 = .1428571428571…

Sept est le chiffre du processus, de la croissance et des aspects cycliques sous-jacents de l'univers. Osiris représente exactement les mêmes principes et est ainsi associé au chiffre sept et à ses multiples.

Sept représente souvent un ensemble complet : les 7 jours de la semaine, les 7 couleurs du spectre, les 7 notes musicales, etc. Les cellules du corps humain sont totalement renouvelées tous les 7 ans.

7   14   21   28   35   42   49   56   63   70

La relation intime entre Osiris et le chiffre 7 se reflète dans ces quelques exemples, tirés du temple d'Osiris à Abydos :

1. C'est le seul temple avec 7 chapelles.

2. Il y a 7 formes d'esprit d'Osiris.

3. Il y a 7 barques d'Osiris.

4. 42 (7 x 6) est le nombre d'inspecteurs/juges le jour du Jugement dernier, présidé par Osiris.

5. 42 (7 x 6) est le nombre de marches menant au temple.

. . .

Le pilier Djed (Sed), symbole sacré d'Osiris, compte 7 marches. Ceci rappelle la doctrine des chakras dans le système indien de yoga kundalini, bien plus récente que les traditions de l'Égypte antique. Les chakras représentent les centres de la structure psychophysique d'un être qui respectent les 7 composants de l'être humain, réunis par la colonne vertébrale.

Les 7 centres de Djed représentent les 7 échelons métaphoriques de l'échelle, portant de la matière à l'esprit. Étant donné que l'homme est un microcosme du système cosmique, Djed représente un microcosme de la cosmologie universelle.

Il est difficile de séparer Osiris du chiffre 7. Le principe qui produit la vie d'une mort apparente était/est appelé Osiris, qui symbolise le pouvoir de renouveau. Osiris représente le processus, la croissance et les aspects cycliques sous-jacents de l'univers. Ainsi, il était également identifié aux esprits (énergies) du grain, des animaux, des reptiles, des oiseaux, etc.

La représentation la plus impressionnante du concept de régénération, à savoir Osiris, est l'illustration dépeignant Osiris avec 28 chaumes de blé poussant de sa tombe. Il est également intéressant de remarquer que la vie (ou le règne) d'Osiris, selon l'Histoire symbolique du modèle égyptien, a duré 28 (7×4) ans.

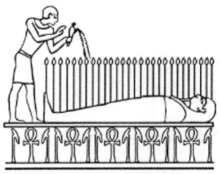

("La Résurrection De Blé")

Du fait de sa nature cyclique, Osiris est lié au chiffre 7 et à ses multiples. Très souvent, le chiffre sept ou ses multiples sont nécessaires pour représenter le principe et la séquence de croissance. Dans le monde entier, les menstruations sont liées à la lune, puisque le cycle lunaire est lié au cycle féminin. La lune est donc le symbole de la fertilité. Lorsqu'elle croît et décroît, elle est considérée comme un cycle de mort et de résurrection, symbole de la mort et de la renaissance des cultures agricoles. Les menstruations chez les femmes, dont toute la vie humaine dépend, apparaissent dans un cycle de 28 (7×4) jours.

Osiris est identifié à la lune, comme nous l'avons vu plus haut.

Osiris est mort (analogie avec le départ de la lune) et est ressuscité trois jours après. Le troisième jour est le début d'une nouvelle lune, soit d'un Osiris renouvelé. Cela n'est pas sans rappeler la célébration de Pâques où, à l'image d'Osiris, Jésus est mort un vendredi et est ressuscité le troisième jour, dimanche, en une vie nouvelle.

Chapitre 11 : HUIT, L'OCTAVE

Sept représente la fin d'un cycle. Huit est le commencement d'un nouveau cycle, une octave.

Comme nous l'avons déjà vu dans cet ouvrage, les Égyptiens anciens et baladis pensent que l'univers contient 9 royaumes (7 cieux et 2 terres). Notre existence terrestre est le 8e royaume (1ère terre).

Au chiffre 8, nous retrouvons l'être humain créé dans l'image de Dieu, le Premier Principe. Notre existence sur terre au 8e royaume est une copie et non une reproduction, une octave. L'octave est l'état futur du passé. La continuation de la création est un ensemble de copies, d'octaves. Ainsi, huit correspond au monde physique manifesté, tel que nous le vivons.

En Égypte, le célèbre texte du sarcophage de Petamon [Musée du Caire, n° 1160] affirme :

> *Je suis Un qui se transforme en Deux*
> *Je suis Deux qui se transforme en Quatre*
> *Je suis Quatre qui se transforme en Huit*
> *Je suis Un après celui-là*

Cette nouvelle unité (Un après celui-là) n'est pas identique, mais analogue à la première unité (je suis Un). La vieille unité n'est plus, une nouvelle unité prend sa place : *Le Roi est mort, Vive le Roi !* Il s'agit d'un renouveau ou d'une autoreproduction. Et pour représenter ce principe d'autoreproduction, 8 termes sont nécessaires.

Musicalement parlant, le thème de renouveau de 8 termes correspond à l'octave puisqu'elle est atteinte avec les 8 intervalles de la gamme musicale (les 8 touches blanches sur le clavier).

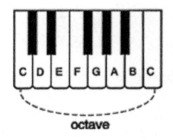

Par exemple, une octave peut comprendre 2 C (do) sur une gamme musicale, comme l'illustre le clavier ci-dessus.

   – Huit s'écrit IIII sur IIII.

   – Huit est le chiffre de Thot et à Khemenou (Hermopolis), Thot est dénommé le **Maître de la Ville des Huit**.

Thot était le messager des *neteru* (dieux, déesses) de l'écriture, du langage et de la connaissance. Thot donnait aux hommes l'accès aux mystères du monde manifesté, qui étaient symbolisés par le chiffre Huit.

La stance 80 du *Papyrus de Leyde* J. 350 en égyptien ancien retrace la Création telle qu'elle est racontée à Khemounou (Hermopolis), qui traite de l'Ogdoade – les Huit primordiaux – qui comprenait la première métamorphose d'Amon-Rê, le mystérieux, le caché, qui est reconnu comme Ta-Tenen à Memphis, puis Kamoutef à Thèbes, tout en restant Un.

Ainsi, la manifestation de la création par 8 éléments est présente dans les quatre centres cosmologiques de l'Égypte ancienne :

- À Memphis, Ptah, dans ces 8 formes, créa l'univers.

- À Heliopolis, Atam créa les 8 êtres divins.

- À Khemounou (Hermopolis), 8 *neteru* primordiaux – l'Ogdoade – créèrent l'univers. Ils étaient la représentation de l'état primordial de l'univers.

- À Thèbes, après s'être créé en secret, Amon créa l'Ogdoade.

La manifestation de la création à travers 8 éléments se reflète également dans le processus mystique de la quadrature du cercle. [Voir détails plus haut sur le thème de la dualité entre Rê et Thot.]

Chapitre 12 : LES NEUF VIES

12.1 L'IMPORTANCE UNIVERSELLE DU CHIFFRE NEUF

Le chiffre neuf marque la fin de la gestation et la fin de chaque série de nombres. S'il est multiplié par tout autre nombre, il se reproduit toujours lui-même (3 x 9 = 27 et 2 + 7 = 9 ou 6 x 9 = 54 et 5 + 4 = 9 et ainsi de suite).

Neuf marque la transition d'une échelle (de 1 à 9) à une échelle supérieure (commençant par 10), c'est pourquoi il s'agit du chiffre de l'initiation, qui est similaire à la naissance d'un bébé après 9 mois de grossesse.

Un bébé humain naît normalement 9 mois après sa conception, un fait qui vient étayer le rôle et l'importance accordés au chiffre 9 en Égypte antique.

Parallèlement, les anciens Égyptiens mentionnent neuf divinités réunies en une unité, une Ennéade. Comme nous l'avons vu précédemment, il y a plus de 5 000 ans, les *Textes des pyramides* révélèrent l'existence de trois ensembles de *neteru* (dieux, déesses), chacun composé de 9 *neteru* (dieux, déesses).

Les textes égyptiens parlent de trois Ennéades – chacune représentant une phase dans le cycle de la création, comme nous l'avons déjà expliqué.

Les neuf aspects d'une Ennéade ne sont pas une séquence, mais une unité interpénétrante, interactive et entrelacée.

Le chiffre 9 marque la fin de la gestation et la fin de chaque série de nombres.

Dans les *Litanies de Rê*, Rê est décrit comme *Celui du Chat* et *Le grand Chat*. Les neuf royaumes de l'univers sont manifestés dans le chat, car le chat et la Grande Ennéade (qui signifie neuf fois unité) possèdent le même terme b.st en égyptien ancien. Ce lien a fait son chemin jusqu'à la culture occidentale, où l'on dit que *le chat a neuf vies* (royaumes).

12.2 LES NEUF NIVEAUX DE LA MATRICE UNIVERSELLE

Étant donné que l'univers créé est ordonné, sa matrice d'énergie ressemble à une machine bien huilée, possédant 9 royaumes interpénétrants et interactifs.

Les Égyptiens anciens et baladis croient que la matrice d'énergie universelle comprend neuf royaumes, communément classés en 7 cieux (royaumes métaphysiques) et 2 terres (royaumes physiques).

Les deux royaumes terrestres sont généralement connus comme *Les Deux Terres*. Dans le chapitre précédent, nous avons traité de l'importance du chiffre 8, en tant que royaume physique (terrestre).

C'est dans le dernier royaume – le chiffre 9 – que notre double complémentaire existe. Les jumeaux siamois qui vivent dans les royaumes 8 et 9 sont en parfaite harmonie. Du point de vue musical, la proportion/la relation 8:9 représente le Ton Parfait.

Le concept de 9 royaumes est cohérent avec celui de la Grande Ennéade – l'unité de 9 – génératrice de la création manifestée.

Les énergies dans les 9 royaumes forment une hiérarchie interactive ordonnée. [L'interaction entre les énergies est montrée plus loin dans cet ouvrage].

12.3 LES NEUF NIVEAUX DE L'HOMME

À l'image de nos vies qui ne s'éteignent pas dans la mort, nos corps ne sont pas limités par leur forme physique extérieure. Nous existons sur différents niveaux à la fois, du plus physique au plus spirituel. En effet, en un certain sens, il n'y a pas de différence entre le physique et le spirituel, mais seulement des nuances entre les deux extrémités du spectre.

L'homme dans son intégralité comprend :

1. une force vitale —Sekhem
   Sekhem est la puissance vitale.

   Rê est appelé *le Grand Sekhem.*

2. un nom —Ren
   Ren en tant que «nom» est l'essence d'un individu qui distingue une personne d'une autre. L'appel de votre nom marque votre retour à la source.

3. une âme spirituelle —Khu
   Le khu est un élément spirituel supérieur. C'est un composant brillant et lumineux. Les khus sont également des êtres célestes, vivant avec les *neteru* (dieux, déesses). Chaque Khu peut être comparé à un ange gardien.

4. une ombre —Khaibet
   Le khaibit semble correspondre à notre concept de fantôme.

   Khai = le compagnon/le frère

5. une âme-cœur —Ba
   Ba représente la totalité des capacités physiques et psychiques de l'homme.

Le Ba est immortel. Lorsque le Ba s'en va, le corps meurt. Le Ba est représenté par un oiseau à tête d'homme, en tant qu'aspect divin du terrestre.

6. un double —Ka
Le Ka est l'association de plusieurs sous-composants entrelacés. Il est assimilé à ce que nous appelons la personnalité. Le Ka ne meurt pas avec le corps mortel, mais il pourrait se briser et se diviser en ses nombreux sous-composants.

7. un cœur—Ab
Le cœur est le siège du pouvoir, de la conscience – juste et injuste.

Horus est appelé «le seigneur des cœurs», «demeurant dans les cœurs».

Ab [le cœur] est la prononciation à l'envers du composant Ba – l'âme-cœur.

8. un corps spirituel —Sahu
Le corps métaphysique, qui quitte le corps physique avec de véritables droits funéraires, a le pouvoir de voyager en tout lieu, pérenne et incorruptible.

Sahu, qui apparaît comme une momie couchée sur une bière, définit un corps spirituel qui est pérenne et incorruptible.

9. un corps naturel —Khat
Khat signifie corruptible – susceptible de se décomposer.

Nous évoquerons plus en détail les neuf composants dans un chapitre ultérieur.

Chapitre 13 : DIX, UN NOUVEAU UN

Dans l'ancienne Égypte, le nombre 10 symbolisait l'achèvement et la perfection, car il complétait la série de chiffres essentiels et les ramenait à l'unité. Dans la philosophie égyptienne, le processus était symbolisé par Horus, le Fils divin.

Fils d'Isis et d'Osiris, Horus était le dixième *neter* (dieu) de la grande Ennéade.

Dix est le nombre le plus élevé de l'unité originelle.

La grande Ennéade émane de l'Absolu. Les neuf *neteru* (principes) limités à Un (l'Absolu) deviennent Un et Dix. Telle est l'analogie symbolique de l'Unité originelle ; il s'agit d'une répétition, d'un retour à la source.

Dix est le premier chiffre des dizaines au même statut qu'Un est le premier chiffre des unités. Dix possède une autre propriété spécifique le rapprochant du chiffre un, à savoir qu'il a seulement un nombre adjacent, vingt, dont il est la moitié – tout comme un est la moitié de deux.

Le logarithme de 10 est Un.

Dix est un nouveau Un (log 10 = 1).

PARTIE IV : ICI-BAS COMME LÀ-HAUT

Chapitre 14 : L'ÊTRE HUMAIN – LA RÉPLIQUE UNIVERSELLE

14.1 CELUI QUI EST RASSEMBLÉ

Si l'homme représente l'univers en miniature, alors tous les facteurs dans l'être humain sont dupliqués à plus grande échelle dans l'univers. Toutes les forces et les énergies, qui sont puissantes dans l'homme, le sont également dans l'univers en général. Selon la conscience cosmique des Égyptiens, quelle que soit l'action effectuée par l'homme – éternuer, cligner des yeux, cracher, crier, pleurer, danser, jouer, manger, boire ou faire l'amour par exemple – cette action est liée à un schéma plus ample dans l'univers.

Pour les anciens Égyptiens, l'homme représente, en tant que miniature de l'univers, l'image créée de toute la création. Puisque Rê, impulsion cosmique de la création, est appelé

> *Celui qui est rassemblé, Celui qui sort de ses propres membres,*

l'être humain (l'image de la création) est lui aussi un *Être rassemblé*. Le corps humain est une unité qui consiste en différentes parties, qui sont elles-mêmes rassemblées. Dans les *Litanies de Rê*, les parties du corps de l'homme divin sont chacune identifiées avec un *neter* (dieu) ou une *netert* (déesse).

Pour les anciens Égyptiens, l'homme était l'incarnation des lois de la création. Ainsi, les fonctions et les processus physiologiques des différentes parties du corps étaient considérés comme les manifestations de fonctions cosmiques. En plus de leur caractéristique physique, les membres et les organes assuraient une fonction métaphysique. Les parties du corps étaient consacrées à l'un des *neteru* (principes divins) figurant dans l'histoire égyptienne. Voici d'autres exemples venant étayer les *Litanies de Rê* :

- L'Incantation 215 § 148-149, dans la chambre funéraire de la tombe d'Ounas (pyramide en ruine) à Saqqarah, assimile chaque partie du corps (tête, nez, dents, bras, jambes, etc.) aux *neteru* divins (dieux, déesses).

> *Ta tête est celle d'Horus,*
> *. . .*
> *Ton nez est celui d'Anubis,*
> *Tes dents sont celles de Soped,*
> *Tes bras sont ceux d'Hâpi et Douamoutef,*
> *. . .*
> *Tes jambes sont celles d'Amset et Qebehsenouf,*
> *. . .*
> *Tes membres sont les fils et fille d'Atam.*

- Le *Papyrus d'Ani*, [pl. 32, formule 42] déclare :

> *Ma chevelure est comme le Noun ; mon visage est comme Rê ; mes yeux sont ceux d'Hathor ; mes oreilles sont celles d'Oupouaout ; mon nez est Celle qui préside sur la feuille de lotus ; mes lèvres sont celles d'Anubis ; mes dents sont celles de Serket ; ma denture est celle d'Isis ; mes bras sont ceux du bélier maître de Mendes ; ma poitrine est celle de Neith ; mon dos est celui de Seth ; mon phallus est Osiris ;... mon ventre et ma colonne vertébrale sont comme Sekhmet ; mes fesses sont comme l'œil d'Horus ; mes cuisses sont comme Nout ; mes pieds sont comme Ptah... il n'y a pas en moi de membre qui soit privé d'un neter (dieu) et Thot est la protection de tous mes membres.*

Le texte ci-dessus ne laisse aucun doute quant à la divinité de chaque membre :

il n'y a pas en moi de membre qui soit privé d'un neter (dieu).

14.2 LES FONCTIONS MÉTAPHYSIQUES/PHYSIQUES DES PARTIES DU CORPS

Dans le monde entier, nous nous servons instinctivement des parties/organes humains pour décrire un aspect métaphysique. Les textes et les symboles de l'Égypte antique sont empreints de cette compréhension complète de l'homme (dans son ensemble et pour chacune de ses parties), considéré comme l'image de l'univers (dans son ensemble et pour chacune de ses parties).

Voici quelques exemples, dans l'Égypte antique, des fonctions métaphysiques/physiques de certaines parties humaines :

- Le cœur

Le cœur était/est considéré comme un symbole des perceptions intellectuelles, de la conscience et du courage moral. Le cœur est symbolisé par Horus.

- La langue

La langue est le muscle le plus fort du corps humain. Tout ce que l'homme ordonne avec sa langue sera manifesté. La langue est symbolisée par Thot.

- Le cœur et la langue se complètent l'un et l'autre, comme le montre clairement la Pierre de Chabaka (716-701 avant notre ère), qui est une reproduction d'un texte datant de la 3e Dynastie.

  C'est lui (le cœur) qui fait que sorte toute connaissance, c'est la langue qui proclame les pensées du cœur.

[Vous trouverez plus d'informations sur les rôles du cœur et de la langue tout au long du présent ouvrage.]

- Le ventre et la colonne vertébrale

Dans nos sociétés modernes, les entrailles et la colonne vertébrale sont des symboles du courage physique. Ce concept plonge ses racines dans l'Égypte antique. Dans le *Papyrus d'Ani* [pl. 32, formule 42], nous pouvons lire,

> *mon ventre et ma colonne vertébrale sont comme Sekhmet.*

Sekhmet est une *netert* (déesse) à tête de lionne. La lionne est l'animal le plus intrépide.

[Les fonctions métaphysiques d'autres parties humaines sont décrites tout au long du présent ouvrage.]

14.3 LES NEUF COMPOSANTS DE L'HOMME

Nous existons sur différents niveaux à la fois, du plus physique au plus spirituel. En un certain sens, il n'y a en effet pas de différence entre le physique et le spirituel, mais seulement une palette de nuances entre les deux extrémités du spectre.

On estime qu'à la naissance, un être humain possède un corps physique (Khat) et un double immatériel (Ka), qui vit dans le corps et est étroitement associé au Ba, qui habite dans le cœur et est connecté avec l'ombre du corps physique. Quelque part dans le corps vit le Khu ou l'âme spirituelle, dont la nature est immuable, incorruptible et immortelle.

Tous ces composants sont cependant liés inséparablement entre eux et le bien-être de chacun influence celui de tous ; et d'aussi loin que remontent les *Textes funéraires d'Ounas* (connus sous le titre de *Textes des pyramides*), ils sont soudés les uns aux autres.

Chacun possède ses propres caractéristiques et pouvoirs, mais il existe des liens bilatéraux et trilatéraux entre chaque composant.

Dans la cosmologie égyptienne, l'homme dans son intégralité comprend neuf composants comme suit :

1. Une force vitale appelée Sekhem
2. Un nom [secret] appelé Ren
3. Une âme spirituelle appelée Khu
4. Une ombre appelée Khaibit
5. Une âme-cœur [corps éthéré] appelée Ba
6. Un double/une image appelée Ka
7. Un cœur [conscience] appelé Ab
8. Un corps spirituel appelé Sahu
9. Un corps naturel appelé Khat

1. Sekhem

Sekhem représente la puissance vitale.

Rê est appelé *le Grand Sekhem*.

Sekhem est mentionné de concert avec Ba et Khu.

Le Sekhem est lié au [associé au] Khu.

2. Ren

Les Égyptiens considéraient que Ren, nom [secret] d'un homme, existait dans le ciel et les *Textes d'Ounas* (*des pyramides*) nous parlent de

son nom, il vit avec son Ka.

3. L'âme spirituelle (Khu)

Le khu est un élément spirituel supérieur, un composant brillant et lumineux. Les khus sont également des êtres célestes vivant avec les *neteru* (dieux, déesses). Chaque Khu peut être comparé à un ange gardien.

Le Khu est mentionné en lien avec le Ba et le Khaibit (l'âme et l'ombre), ainsi qu'avec le Ba et le Ka (l'âme et le double), mais il s'agit clairement d'un composant différent du Ka, du Ba et du Khaibit, bien qu'il ait possédé, à certains égards, des caractéristiques semblables à ces entités immatérielles de l'homme.

4. Khai-bit

Khaibit est l'ombre ou la nuance qui intercepte la lumière. Cette entité a vraisemblablement servi à focaliser ou unir les Kas inférieurs avec tous leurs appétits et désirs charnels. Le Khaibit correspond à notre notion de fantôme, présent d'ordinaire dans les cimetières.

Les Égyptiens baladis pensent que chaque personne possède une ombre, une entité séparée, qui la suit dans la vie, dans la mort et qui l'accompagne dans sa tombe.

Il est intéressant de remarquer que le terme égyptien «Khai»

signifie compagnon/frère.

5. Ba, l'âme-cœur (corps éthéré)

Tandis que le troisième composant est le khu ou *l'âme spirituelle*, le cinquième composant représente ici l'âme-cœur.

Plus loin, nous traiterons du *cœur Ab* [Ba épelé à l'envers] en septième composant.

Il est important de toujours se rappeler que le terme *cœur* ne signifie pas l'organe physique humain, mais la conscience.

En conséquence, Ba en tant qu'âme-cœur représente la totalité des forces vitales de l'homme, qui incluent aussi bien les capacités physiques que psychiques. Le Ba est ainsi dépeint comme un oiseau à tête d'homme.

L'oiseau Bénou représente la totalité du concept de Ba dans l'univers.

Dans le cycle de création qui reflète le rôle de la dualité entre Ra et Osiris/Aus-Ra, l'oiseau Bénou est mentionné comme le *Ba de Ra* et le Ba d'Osiris/Aus-Ra, c'est-à-dire le BA global.

En synthèse, le Ba représente :

> – la manifestation externe
> – l'incarnation de pouvoir/de la force vitale

La manifestation du pouvoir ou le pouvoir manifesté ne peut exister indépendamment (du corps). En conséquence, le Ba humain doit garder le contact avec le corps.

6. Le Ka ou le double (corps astral)

Ka est le pouvoir qui fixe et rend personnel le BA, l'esprit animé.

Ka est l'ensemble de pouvoirs magnétiques ou d'attraction formant ce que nous appelons aujourd'hui la personnalité : le sens aigu du «je» qui habite le corps mais qui n'est pas le corps («Je» peut être présent même lorsque le sens du corps est entièrement perdu ou complètement paralysé ou dans certains types d'anesthésie).

Le Ka est complexe.

1. Il y a le Ka animal qui s'occupe des désirs du corps

2. le Ka divin qui répond à l'appel de l'esprit et

3. le Ka intermédiaire, qui fournit l'élan aux personnes en

passe de gagner progressivement le contrôle du Ka animal et de le placer au service du Ka divin.

Le concept de Ka réside sur la conviction que la vie consciente et active n'est pas la fonction du corps, mais découle d'une puissance supérieure qui active le corps et représente donc le véritable vecteur de la vie. Le pouvoir vital est le Ka. Il ne peut y avoir de vie consciente sans le Ka. Elle existe uniquement au moyen de ses effets.

À la naissance du corps, une individualité abstraite vient également au monde, une existence spirituelle totalement indépendante et séparée du corps physique, mais qui habite dans le corps, dont elle dirige, guide et surveille les actions. Une individualité qui vit dans le corps jusqu'à la mort de ce dernier. Tout enfant en bonne santé naît avec un être spirituel, et lorsque les Égyptiens le dessinaient, ils le faisaient toujours ressembler au corps auquel il appartenait; autrement dit, ils le considéraient comme son «DOUBLE». Son nom en égyptien était Ka.

Ka est le double/l'image de son Ba.

7. Le cœur (Ab)

L'Ab est le cœur, qui correspond à la conscience. (Ba, l'âme-cœur, à l'envers)

Horus est appelé «l'habitant des cœurs», le «seigneur des cœurs» ou le «meurtrier du cœur».

8. Sahu

Sahu est défini comme le corps spirituel, le corps métaphysique.

Les anciens Égyptiens n'ont jamais pensé que le corps physique monterait de nouveau dans les cieux; au contraire, nous pouvons lire clairement dans les textes *«l'âme est au ciel, le corps est dans la terre*». Les Égyptiens croyaient qu'une sorte de corps s'élevait du défunt et continuait son existence dans l'Autre Monde.

Le corps spirituel était capable de s'élever du corps physique grâce à des cérémonies et des rites accomplis sur le corps physique.

Le jour de l'enterrement, des prières et rituels appropriés donnaient au corps physique le pouvoir de se transformer en Sahu, un corps métaphysique (spirituel).

Corps spirituel = pérenne et incorruptible

Les textes égyptiens de l'Antiquité déclarent :

> *Je pousse comme les plantes*
> *Ma chair s'épanouit*

Le corps qui devient un Sahu a le pouvoir de s'associer avec l'âme et de tenir une conversation avec elle. Il peut monter habiter avec les *neteru* (dieux, déesses), dans leur **Sahus**.

Le Sahu présenté comme une momie reposant sur une bière

indique un corps spirituel pérenne et incorruptible.

Le mot «sahu» signifie «libre», «noble», «chef» et est ici utilisé comme le nom d'un corps qui a obtenu, par le biais des cérémonies religieuses dont il a été l'objet, la liberté du corps matériel ; son pouvoir est devenu incorruptible et éternel.

Ceci explique la grande importance accordée aux cérémonies et aux offrandes funéraires, qui permettaient à un corps spirituel de s'élever du corps physique et donc au Ka de continuer son existence après la mort du corps auquel il appartenait.

Grâce au pouvoir des prières et des rituels, le corps peut se transformer en Sahu, à l'image des deux sœurs [Isis et Nephtys] réveillant (Sahu) Osiris.

Si le corps physique constituait la demeure du Ka et de l'âme, le corps spirituel abritait cette dernière, puisque les textes disent clairement que «les âmes entrent dans leur Sahu». Le corps spirituel avait le pouvoir de voyager en tout lieu, dans les cieux comme sur la terre.

9. Khat

Khat est défini comme le corps physique/naturel corruptible.

Khat, qui signifie corruptible, est l'envers de Akh (lumineux, incorruptible).

Khat est voué à la décomposition, mais il peut également faire référence à un corps momifié.

Les neuf composants sont présentés en ordre décroissant depuis leur origine divine

De la terre vers les cieux en passant par chaque niveau, le processus consiste à retirer ces différentes «gaines» et à passer par les différents royaumes jusqu'au point le plus haut que l'âme est en mesure d'atteindre, avant qu'elle redescende dans la renaissance.

Chapitre 15 : LA CONSCIENCE ASTRONOMIQUE

15.1 CONSCIENCE COSMIQUE ET ASTRONOMIE

Les Égyptiens, qui reconnaissaient l'influence des cieux sur la terre, observaient le ciel avec la plus grande attention. Ils étudiaient le sens de l'astronomie, à savoir l'étude des correspondances entre les phénomènes dans les cieux et sur terre. L'astronomie et l'astrologie étaient, pour les Égyptiens, les deux faces d'une même médaille.

Les archives de l'Égypte antique témoignent dans tous les domaines d'une coordination et d'une correspondance totales entre les activités des Égyptiens sur terre et les différents cycles de l'univers, tout comme le montrent certaines applications décrites dans le présent ouvrage.

Les Égyptiens étaient tout à fait conscients de leur dépendance vis-à-vis des cycles de la terre et du ciel. En conséquence, les prêtres dans les temples étaient chargés d'observer les mouvements de ces corps célestes. Ils devaient également noter tout autre phénomène céleste et l'interpréter.

De nombreux monuments érigés tout au long de l'histoire de l'Égypte antique témoignent de leur pleine conscience et de leur connaissance approfondie de la cosmologie et de l'astronomie.

Clément d'Alexandrie (200 de notre ère) relata la connaissance avancée de l'astronomie dans l'ancienne Égypte. Il fit référence à cinq ouvrages datant de l'Égypte antique, liés entre eux au sujet de l'astronomie: le premier contenait une liste des étoiles fixes, un autre abordait le phénomène de la Lune et du Soleil, deux autres traitaient du lever des étoiles et le dernier analysait la cosmographie et la géographie, la course du Soleil, de la Lune et des cinq planètes. Ces références témoignent d'une compréhension complète de l'astronomie, encore inégalée de nos jours.

Tandis que le milieu universitaire occidental attribue la connaissance de l'astronomie aux Grecs, les Grecs eux-mêmes attribuèrent leur connaissance de l'astronomie aux prêtres égyptiens.

Strabon (64 avant notre ère – 25 de notre ère) reconnut environ 2 décennies avant notre ère (soit environ 100 ans après Hipparque) que :

> *«Les prêtres égyptiens sont des maîtres dans la Connaissance du ciel. [...] Ils se laissent éventuellement persuader [...] de divulguer certains de leurs préceptes, bien qu'ils en cachent la plus grande partie. Ils ont révélé aux Grecs les secrets de l'année pleine, que ces derniers ignoraient, comme beaucoup de choses.»*

Plus loin dans ce chapitre, nous analyserons plus en détail l'extrême précision de l'année calendaire égyptienne.

Les astronomes étudiant l'Égypte ont longtemps affirmé que l'astronomie égyptienne était très évoluée, que les Égyptiens connaissaient la précession des équinoxes, le système héliocentrique et nombre d'autres phénomènes considérés comme des découvertes récentes.

15.2 KEPLER ET L'ASTRONOMIE ÉGYPTIENNE

Il y a quelques décennies, les scientifiques osant suggérer que le développement de l'astronomie avait atteint un stade avancé bien avant l'invention du télescope étaient souvent ridiculisés ou ignorés. L'astronomie «moderne» est attribuée aux travaux de Johannes Kepler (1571–1630), considéré comme le père de la «découverte» des trois lois cinématiques, sans «l'aide d'un télescope».

Première loi : les planètes/comètes décrivent des orbites elliptiques dont le Soleil est l'un des foyers.

Deuxième loi : les aires balayées par les rayons vecteurs sont proportionnelles au temps mis à les parcourir.

Troisième loi : les carrés de durée des révolutions des planètes sont proportionnels aux cubes des longueurs des grands axes.

Il est impossible de déterminer les lois démontrant des liens entre les planètes, les distances, les variations de la vitesse, les configurations d'orbite, etc. sans effectuer des observations, des mesures, des analyses et des enregistrements réguliers ; pour autant, aucun des académiciens occidentaux ne dit comment Kepler a abouti (comme par enchantement) à ces lois. En réalité, Kepler lui-même s'est vanté, à la fin du *Livre V* de son traité *Harmonices mundi*, d'avoir redécouvert les lois égyptiennes perdues :

«Ayant perçu les premières lueurs de l'aube il y a dix-huit mois, la lumière du jour il y a trois mois, mais il y a quelques jours seulement le grand soleil de la vision la plus merveilleuse, à présent rien ne me retiendra. Oui je m'abandonne au délire sacré. Avec défi, je lance à tous les mortels cet aveu : <u>j'ai dérobé les vases d'or des Égyptiens</u> pour en faire un tabernacle pour mon Dieu, loin des frontières de l'Égypte.»

Kepler, exultant, ne déclara pas avoir lui-même découvert quoi que ce soit. Au contraire, ses «découvertes» appartiennent entièrement à l'Égypte antique.

15.3 OBSERVATIONS ET ENREGISTREMENTS ASTRONOMIQUES

Nombre de monuments érigés tout au long de l'histoire de l'Égypte antique témoignent de la pleine conscience et de la connaissance approfondie des Égyptiens en matière de cosmologie et d'astronomie. Très tôt, les anciens Égyptiens commencèrent à observer de manière systématique le ciel d'un point de vue astronomique. Ils accumulèrent les informations, élaborant des cartes des constellations basées sur leurs observations et leurs enregistrements.

L'observation astronomique de manière systématique commença il y a très longtemps. Les textes astronomiques les plus anciens, connus à ce jour, figurent sur le couvercle de sarcophages en bois datant de la 9ᵉ Dynastie (env. 2150 avant notre ère).

Ces textes sont appelés *calendriers diagonaux* ou *horloges stellaires diagonales* en référence à leurs objectifs et contenus, à savoir l'observation et la documentation de la relation entre le mouvement des étoiles et le temps.

Le terme «diagonale» indique la mesure des angles, c'est-à-dire la distance d'arc du mouvement durant une période donnée.

Pour les mesures angulaires, les Égyptiens ont divisé le ciel en 36 segments angulaires, chacun affichant un angle central de 10 degrés, pour un total de 360 degrés.

Ces textes donnent les noms des décans (étoiles s'élevant à des intervalles de dix jours en même temps que le Soleil), au nombre de 36.

Des cartes d'étoiles furent retrouvées au Nouveau Royaume (1550-1070 avant notre ère) sur le plafond de la tombe de Sénènmout, architecte de la reine Hatchepsout, et sur celui du temple d'Abydos. Dans les tombes de Séthi Iᵉʳ, Ramsès IV, VII et IX, des inscriptions se rapportant au premier et au 16ᵉ jour de chaque mois indiquent la position occupée par une étoile à chacune des 12 heures de la nuit, en fonction de la représentation d'un personnage assis : sur l'oreille gauche, sur l'oreille droite, etc.

15.4 LA MESURE ÉGYPTIENNE DU TEMPS RÉEL

La connaissance des anciens Égyptiens en matière de mesure du temps transparaît dans leur division de la journée et de la nuit en 12 heures respectivement. La longueur des journées n'était pas fixe, mais dépendait des saisons. Les longues journées d'été correspondaient à des heures plus longues de la journée, et vice versa durant les mois d'hiver. Le 21 mars et le 23 septembre, lorsque le Soleil croise l'équateur et que le jour et la nuit sont de la même durée sur toute la planète, sont appelés équinoxes (nuits égales). La longueur variable de l'heure témoigne de leur compréhension de l'équinoxe, ainsi que de leur connaissance de la mesure précise du temps, telle que décrite ci-dessous.

Étant donné que la Terre tourne autour du Soleil sur le plan de son orbite une fois par an, la ligne de référence au Soleil change constamment et la longueur d'un jour solaire ne reflète pas le temps réel d'une rotation de la Terre. C'est pour cela que notre astronomie «moderne» reconnaît que le temps réel d'une rotation de la Terre, connu sous le nom de jour sidéral, est fondé sur une rotation par rapport à l'équinoxe de printemps, lorsque la longueur du jour et de la nuit est exactement identique.

Les anciens Égyptiens connaissaient les secrets du temps, grâce à l'observation et à l'étude du mouvement apparent des étoiles, de la Lune et du Soleil. Du fait que tous les corps célestes sont en mouvement apparent constant par rapport à l'observateur, il est extrêmement important de connaître l'heure précise d'une observation d'un corps céleste, une pratique que les anciens Égyptiens maîtrisaient il y a déjà très longtemps.

Le mouvement de chaque corps céleste était mesuré en changement angulaire comme la combinaison d'une déclinaison et d'une ascension droite, ces dernières représentant les coordonnées spécifiques des étoiles sur une carte du ciel.

Ces observations étaient enregistrées et notées sur une grille, en superposant dessous le centre du ciel une figure humaine assise droite, dont le sommet de la tête était placé sous le zénith. La grille comportait généralement 8 segments horizontaux et 12 segments verticaux, qui représentaient les 12 heures nocturnes. Les étoiles qui approchaient le zénith étaient référencées au-dessus d'une partie de ce personnage, et leur position était indiquée dans les listes d'étoiles : dessus l'oreille gauche, dessus l'oreille droite, etc.

Les textes astronomiques de l'Égypte antique donnent la position des étoiles durant les 12 heures de la nuit, à des intervalles de 15 jours. Cette information permet de mesurer le déplacement d'un point spécifique dans le ciel. Grâce à ces mesures et enregistrements fréquents et réguliers, les anciens Égyptiens purent relier la vitesse des corps célestes et furent ainsi capables d'enregistrer des irrégularités majeures et mineures dans le mouvement perçu de ces corps célestes.

Très tôt en Égypte furent élaborées des cartes du ciel et des tableaux des étoiles, où ces dernières étaient regroupées pour former des constellations à l'image de celles dépeintes sur les plafonds des tombes. Des références astronomiques à la constellation majeure de la Grande Ourse, à Sirius, à Orion et à d'autres groupes d'étoiles figurent dans les *Textes des pyramides* de la 5e et de la 6e dynasties.

Les listes des décans ou étoiles (ou groupes d'étoiles) de dix jours, associées aux tableaux d'étoiles horaires, étaient déjà utilisées sur les sarcophages d'Assiout des 11e et 12e dynasties.

Dans la tombe de Ramsès IX (1131-1112 avant notre ère), le plafond montre les positions des différentes étoiles sur 12 périodes consécutives de 15 jours. À partir de ces cartes d'étoiles, les anciens Égyptiens déterminaient les positions et les changements de place et/ou de temps des étoiles. Ainsi, les anciens Égyptiens étaient conscients du fait que les étoiles se déplaçaient lentement et que ce mouvement était facilement mesurable à l'instant du passage au méridien. En conséquence, les Égyptiens connaissaient et savaient calculer le taux de précession.

Les Égyptiens de l'Antiquité évoquaient les étoiles définissant le périmètre des différentes constellations de la manière suivante :

jambe du géant
serre de l'oie
tête de l'oie
derrière de l'oie
étoile des mille
étoile S'ar
bout du doigt de la constellation Sah (Orion)
étoiles de Sah (Orion)
étoile qui suit Sirius
bout du doigt d'étoiles jumelles
étoiles de l'eau
bout du doigt de Sah
tête du lion
queue du lion

15.5 LE CYCLE ZODIACAL

La carte d'étoiles du pôle Nord dans le ciel dans la tombe de Séthi

Ier (1333-1304 avant notre ère) [voir ci-dessus] vient renforcer le sens donné au terme zodiaque en Égypte antique, à savoir un cercle d'animaux.

La raison principale de notre conscience, sur terre, du zodiaque est l'oscillation de la Terre dans ses mouvements en orbite autour du Soleil. La Terre tourne de l'ouest à l'est sur ses axes polaires et tourne autour du Soleil dans une orbite elliptique, où le Soleil représente un foyer de l'ellipse. La Terre complète une révolution en une période de 365,2564 jours. L'inclinaison de la Terre (23½ degrés avec la perpendiculaire du plan orbital), associée à sa révolution autour du Soleil, provoque les changements des longueurs du jour et de la nuit et les différentes saisons. [voir ci-dessous].

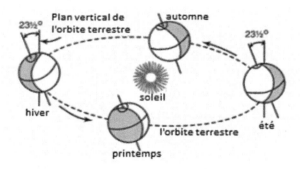

Si le ciel est considéré comme un arrière-plan constellé, alors du fait de l'oscillation de la Terre sur son axe, l'équinoxe du printemps chaque année surplombe un arrière-plan de constellation en changement progressif. L'effet n'est pas réel, mais apparent et implique uniquement les étoiles. Les étoiles ne bougent pas en réalité, mais elles donnent l'impression de bouger à cause du mouvement de précession. Les astronomes appellent ce phénomène la *précession des équinoxes*.

Le déplacement constant de la position des étoiles joue le rôle d'horloge stellaire pour notre planète. En Égypte antique, la connaissance de la mesure exacte du mouvement de précession et des coordonnées d'une étoile permettait de déterminer son altitude au méridien à chaque instant donné ou son point ascendant à l'est de l'horizon.

La précession des équinoxes, à travers les constellations, donne le nom aux douze ères astrologiques. L'équinoxe met environ 2 160 ans pour compléter sa précession à travers un signe du zodiaque. L'équinoxe de printemps met donc environ 25 920 années pour traverser le circuit complet des constellations des douze signes du zodiaque. Ce cycle complet est appelé la Grande année cosmique.

On retrouve les signes du zodiaque dans de nombreux lieux tout au long de l'histoire de l'Égypte antique. Ici, le zodiaque est représenté dans deux lieux au Temple d'Hathor à Dendérah. Les figures et symboles montrent clairement qu'il s'agit d'un zodiaque d'origine égyptienne. Ce symbolisme des ères astrologiques, divinités, figures, etc. est présent dans de nombreux temples et tombes d'Égypte antique dans tout le pays, bien avant l'ère gréco-romaine.

Le zodiaque circulaire [ci-dessus] est dépeint sur le plafond du niveau supérieur du temple, où les signes sont placés en spirale.

De manière tout à fait pathétique, les universitaires occidentaux essaient d'attribuer cette réalisation majeure à un *Européen*. Cependant, dans ce cas, Hipparque (qui n'a jamais revendiqué cette paternité) **n'aurait jamais pu accomplir tout seul une œuvre qui exigeait des observations, des mesures et des enregistrements astronomiques au fil des siècles et des millénaires.**

Tandis que l'Occident attribue la connaissance de l'astronomie aux Grecs, les Grecs eux-mêmes attribuaient leur savoir astronomique aux prêtres égyptiens. Strabon (64 avant notre ère – 25 de notre ère) reconnut environ 2 décennies avant notre ère (soit environ 100 ans après Hipparque) que :

> *«Les prêtres égyptiens sont des maîtres dans la Connaissance du ciel. [...] Ils se laissent éventuellement persuader [...] de divulguer certains de leurs préceptes, bien qu'ils en cachent la plus grande partie. Ils ont révélé aux Grecs, les secrets de l'année pleine, que ces derniers ignoraient, comme beaucoup de choses.»*

15.6 EN RYTHME AVEC LES ÈRES ASTROLOGIQUES

Des preuves flagrantes et exhaustives viennent démontrer comment l'Égypte a su aborder les différentes ères astrologiques. Il y eut un changement de symbolisme, de Leo (le lion), Gemini (les gémeaux) à Taurus (le taureau) et Aries (le bélier). Ces changements coïncidèrent avec les dates de la précession astronomique. Les Égyptiens appliquèrent différents moyens et modes d'expression pour chaque ère astrologique, qui étaient basés sur la nature spécifique inhérente à chaque ère.

La dernière ère astrologique dans l'histoire de l'Égypte antique fut celle d'Aries (le bélier) (2307-148 avant notre ère).

Au commencement de l'ère d'Aries (le bélier), les enregistrements égyptiens révélèrent son avènement. Les figures à tête de bélier envahirent les monuments égyptiens. Les sphinx à tête de bélier furent alignés à l'entrée du temple de Karnak [voir illustration ci-dessus].

15.7 LE CYCLE SOTHIAQUE – L'ÉTOILE PRINCIPALE

Aux époques très lointaines de l'histoire de l'Égypte antique, Isis était associée à l'étoile Sirius, la plus brillante dans le ciel, qui était elle aussi appelée *la Donneuse de vie*. Le calendrier égyptien, ingénieux et très précis, s'appuyait sur l'observation et l'étude des mouvements de Sirius dans le ciel. Ce fait est clairement reconnu dans le dictionnaire de Webster, qui définit l'*année sothiaque* comme suit :

- Année liée à Sirius, appartenant à la constellation du Grand chien
- Désignant un cycle ou une période de l'Égypte antique basée sur une année fixe.

La connaissance approfondie des Égyptiens en astronomie, comme le démontre leur calendrier, était reconnue par Strabon (64 avant notre ère – 25 de notre ère), qui écrivit :

> *«Ils [les prêtres égyptiens] ont révélé aux Grecs, les secrets de l'année pleine, que ces derniers ignoraient, comme beaucoup de choses...»*

Le texte montré ici est une note du surveillant du temple au prêtre lecteur du temple de Nubkaura à El-Lahoun (sous Sésostris II, 1897-1878 avant notre ère), l'informant que Sirius monterait le 16ᵉ jour du 4ᵉ mois, afin de prendre note de sa position et du moment exact et de les saisir dans les archives du temple.

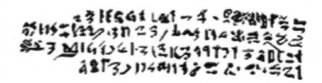

Les anciens Égyptiens savaient que l'année durait un peu plus de 365¼ jours. La Terre mettait 365,25636 jours pour compléter une révolution autour du Soleil.

Il est important de souligner que les égyptologues modernes ont pu retracer 3 000 ans d'histoire de l'Égypte antique uniquement grâce à la précision du calendrier sothiaque qui suivait le lever héliaque de Sirius, l'étoile du chien, d'une durée annuelle de 365,25636 jours.

Avec pragmatisme, les anciens Égyptiens utilisaient un calendrier composé de 12 mois, dont chaque mois contenait 30 jours. Afin de combler la différence entre 360 (30×12) jours et 365,25636 jours et ainsi clore une année complète, ils effectuaient les ajustements suivants:

1. La différence de 5,25 jours vient à la fin de l'année égyptienne, en ajoutant 5 jours chaque année et un jour supplémentaire tous les 4 ans. L'année de l'ancienne Égypte commence actuellement (en 2016) le 11 septembre. Les 5/6 jours supplémentaires commencent le 6 septembre.
2. La différence de 0,00636 jour (365,25636 – 365¼ jours) pour chaque année nécessite d'ajouter un autre jour tous les (1/0,00636) 157¼ ans, ce que les Égyptiens firent jusqu'à nos jours, en ajoutant un jour supplémentaire tous les cycles de 157, 314, 471 et 629 années. En comparant le calendrier

égyptien et le calendrier «latin» [comme nous l'expliquons ci-dessous], nous pouvons remarquer les ajustements effectués durant les 2000 dernières années.

Les Grecs, les Romains et d'autres sources de l'Antiquité affirmaient que les Égyptiens considéraient Sirius comme le grand feu central, autour duquel notre système solaire gravite. Les mouvements de Sirius sont intimement liés à ceux d'une autre étoile, sa compagne. Sirius et sa compagne tournent autour d'un centre de gravité commun ou, en d'autres termes, autour de l'un et de l'autre. Le diamètre de Sirius est inférieur au double du diamètre de notre Soleil. Le diamètre de sa compagne, en revanche, est environ le triple de celui de la Terre, tandis qu'il est environ 250 000 fois plus lourd que la Terre. Sa matière présente une densité 5 000 fois supérieure à celle du plomb. Une telle compression de matière signifie que les atomes de la compagne de Sirius n'existent pas dans leur état normal, mais sont tellement serrés les uns aux autres, que de nombreux noyaux atomiques remplissent un espace précédemment occupé par un seul atome normal, donc les électrons de ces atomes sont expulsés hors de leurs orbites et bougent librement (état dégénéré). Ceci correspond au Noun égyptien, la soupe de neutrons, l'origine de toute la matière et l'énergie dans l'univers.

Le mouvement de la compagne de Sirius sur son propre axe, et autour de Sirius, maintient toute la création dans l'espace et, de ce fait, est considéré comme le point de départ de la création.

Mais revenons au calendrier égyptien sothiaque : après sa visite en Égypte en 48 avant notre ère, Jules César commanda à l'astronome Sosigène d'Alexandrie d'introduire un calendrier dans l'Empire romain. C'est ainsi que le calendrier julien, composé de 365 jours par an et de 366 jours les années bissextiles, vit le jour. Le calendrier julien était littéralement *taillé sur mesure pour un Roi* : le premier jour de l'année correspondait au jour de couronnement du roi égyptien à la fin du jubilé annuel de rajeunissement

[Pour plus d'informations, voir *Mystiques égyptiens, Chercheurs de la Voie* du même auteur].

Cependant, le calendrier julien ne tenait pas compte du fait que l'année durait un peu plus de 365¼ jours. La différence entre les 365,25 et les 365,25636 jours de l'adoption du calendrier julien à nos jours est de 13 jours. Une telle différence explique la variation de 13 jours dans les observations annuelles de nombreux festivals chrétiens, entre les églises orthodoxes et non orthodoxes. Ceci s'explique par le fait qu'un groupe a suivi le calendrier égyptien précis, tandis que l'autre a suivi le calendrier julien approximatif.

Depuis l'occupation islamique/arabe de l'Égypte (641 avant notre ère), le calendrier de l'ancienne Égypte a pris le nom de calendrier copte, bien qu'il fût développé des milliers d'années avant le christianisme. De nos jours, les Égyptiens suivent encore le calendrier de l'Égypte antique pour quasiment tous les innombrables festivals annuels, l'agriculture, la météorologie et d'autres domaines (exception faite de quelques rares cas). Il s'agit de loin du calendrier le plus pratique et précis utilisé dans le monde.

PARTIE V : DES MORTELS AUX IMMORTELS

Chapitre 16 : NOTRE VOYAGE SUR TERRE

16.1 NOTRE TÂCHE SUR TERRE

L'humanité n'a de cesse de chercher à comprendre la raison de son existence, par rapport à l'univers dans lequel elle se trouve.

D'après les enseignements égyptiens, même si toute création est spirituelle dans son origine, l'homme est né simple mortel même s'il contient en lui la graine du divin. Son but dans la vie est de nourrir cette graine et sa récompense, s'il y arrive, est la vie éternelle où il sera réunifié avec son origine divine. L'objectif ultime de l'homme terrestre est de développer sa conscience jusqu'au niveau absolu de perfection ; ce qui signifie atteindre l'accord parfait, l'harmonie parfaite avec la nature.

L'homme arrive sur terre avec des facultés divines supérieures qui sont l'essence de sa salvation mais encore non réveillées. La religion égyptienne est donc un système de pratiques ayant pour but de réveiller ces facultés supérieures dormantes.

Notre existence sur terre est fondamentalement dans un état de coma, d'inconscience totale. Les gens pensent qu'ils sont réveillés et conscients, mais ils ne le sont pas. Nous devons sortir de notre coma. C'est la manière avec laquelle notre âme, notre esprit et notre essence vitale sont capables de passer de ce monde à des états de création plus évolués, vers l'union divine.

16.2 DU MORTEL À L'IMMORTEL

Depuis les temps les plus reculés de l'Égypte antique, les Égyptiens croyaient qu'Osiris avait une origine divine : un être en partie divin et en partie humain, qui était ressuscité loin de toute corruption. Ce qu'Osiris avait accompli pour lui-même, il pouvait le faire pour l'homme.

Le considérant comme un modèle, les anciens Égyptiens pensaient qu'ils pouvaient faire ce qu'Osiris avait fait. Parce qu'il avait conquis la mort, les justes pouvaient également la conquérir et atteindre la vie éternelle. Ils pouvaient ressusciter et obtenir l'éternité.

Osiris représente le mortel portant en lui la capacité et le pouvoir du salut spirituel. Les Égyptiens espéraient/espèrent tous en la résurrection dans un corps transformé et immortel, une résurrection possible uniquement par la mort et la résurrection d'Osiris dans chaque être humain.

L'égyptologue britannique Sir E. A. Wallis Budge résuma cette pensée à la page 7 de son livre *Osiris and the Egyptian Resurrection, Vol. I*, de la manière suivante :

> *«La religion en Égypte antique avait pour figure centrale Osiris et insistait sur la croyance en sa divinité, sa mort, sa résurrection et le contrôle absolu des destins des corps et des âmes humaines. Chaque Égyptien espérait fondamentalement en la résurrection dans un corps transformé et en l'immortalité, qui pouvait être accomplie uniquement à travers la mort et la résurrection d'Osiris.»*

La religion égyptienne était une religion inclusive, où Osiris vivait en chacun de nous, ce qui facilitait la compréhension de ce que nous sommes et ce que nous sommes censés devenir.

Le principe faisant surgir la vie d'une mort apparente était/est Osiris, qui symbolise le pouvoir de renouveau. Osiris représente le processus, la croissance et les aspects cycliques sous-jacents de l'univers.

Le *Livre des cavernes* aborde le thème de la nécessité de la mort et de la dissolution (de la chair et de la matière), avant la naissance du spirituel.

16.3 SUIVEZ VOTRE VOIE (MAÂT)

Nous naissons sur terre à différentes étapes de développement et de progression spirituels.

Chacun doit vivre sa vie et chacun d'entre nous doit suivre sa voie, avec Maat pour guide. Le concept de Maat est infiltré dans les écritures égyptiennes des temps les plus anciens, tout au long de l'histoire égyptienne. Le concept d'après lequel non seulement les hommes, mais aussi les *neteru* (dieux/déesses) étaient gouvernés.

Maat n'est pas facilement traduisible ou défini par un seul mot. De manière générale, nous pouvons dire qu'il s'agit de ce qui, de droit, devrait être ; de ce qui est adéquat d'après l'ordre et l'harmonie du cosmos et de *neteru* et des hommes, qui en font partie.

On pourrait soutenir la comparaison de Maat avec le concept oriental de *karma* et le concept occidental de *sens commun*.

Maat, le Chemin, englobe les vertus, les buts et les devoirs qui définissent ce qui est acceptable, si non idéal, d'un point de vue d'un comportement social et personnel. Maat est maintenue dans le monde par les actions justes et la piété personnelle de ses adeptes.

L'antique sagesse égyptienne a toujours insisté sur l'importance de cultiver comportement éthique et service envers la société. Un thème que l'on trouvait constamment dans la littérature de la sagesse égyptienne était la représentation en acte de la Vérité – Maa-Kheru – sur terre.

Un résumé du concept égyptien de justice peut être trouvé dans ce qui est communément connu sous le nom de *Confessions Négatives* [comme discuté plus loin dans le chapitre suivant]. Une image plus détaillée de l'homme juste et de sa conduite attendue ainsi que des idées de responsabilité et rétribution peuvent être trouvées sur les murs de chapelles funéraires et dans diverses compositions littéraires qui sont généralement appelées textes de sagesse d'introductions systématiques, composées de maximes et de préceptes. On trouve par exemple les 30 chapitres de L'*enseignement d'Aménémopé* (Amenhotep III) qui contiennent des textes de sagesse qui ont plus tard été adoptés dans le *Livre des Proverbes dans l'Ancien Testament*.

Il existe de nombreux parallèles entre ce texte égyptien et la Bible, comme les lignes d'ouverture du premier chapitre :

> **«Donne tes oreilles, écoute ce qui est dit. Donne ton cœur pour l'interpréter. Il est utile de les mettre en ton cœur.»**

Il y avait d'autres textes de sagesse pratique avec des enseignements systématiques, composés de maximes et de préceptes qui soulignaient ce qu'il fallait faire et ne pas faire, afin que chacun puisse apprendre à renier (s'abstenir) les vices et affirmer (cultiver) les vertus.

Les enseignements égyptiens insistent sur le fait que chaque individu doit participer activement dans la société et doit appliquer ce qu'il apprend au service d'autrui. La performance individuelle au sein de la société est le véritable test de son succès.

Tous les individus doivent avoir un travail productif pour subsister à leurs besoins et à ceux des personnes à leur charge. Il n'y a pas de retraite du monde, donc pas de moine ni d'ermites. Le modèle égyptien souligne l'équilibre entre la vie dans le monde et la recherche d'expériences spirituelles.

[Pour des informations plus détaillées à ce sujet, voir *Mystiques égyptiens, Chercheurs de la Voie* du même auteur.]

16.4 PRATIQUE ET PERFECTION

Les textes funéraires de l'Égypte antique sont empreints de pureté, perçue comme un prérequis pour évoluer vers des royaumes/cieux supérieurs. Le modèle égyptien de mysticisme souligne le fait que la pureté ne peut être atteinte qu'à travers la purification du cœur et la pratique de l'intention pure dans la vie quotidienne ordinaire.

Un comportement moral, par exemple, n'est pas seulement le résultat de l'apprentissage de certaines valeurs, mais il s'obtient par l'esprit et les valeurs acquises par l'expérience.

La purification interne doit être complétée par la pratique d'un bon comportement social durant la vie quotidienne ordinaire. Chaque action imprime sa trace sur le cœur.

L'être intérieur d'une personne est réellement le reflet de ses actes et de ses agissements. Accomplir de bonnes actions permet ainsi d'établir de bonnes qualités intérieures ; les vertus imprimées sur le cœur gouvernent à leur tour les actions des membres. Comme chaque acte, pensée et action impriment une image dans le cœur, cela devient un attribut de la personne. Cette maturation de l'âme à travers des attributs acquis conduit progressivement à des visions mystiques et à l'ultime unification au Divin.

L'antique sagesse égyptienne a toujours insisté sur l'importance de cultiver comportement éthique et service envers la société.

La progression le long du Chemin spirituel est acquise au travers d'efforts et est une question d'actions conscientes et disciplinées. Chaque conscience nouvelle/augmentée est équivalente à un nouveau réveil. On parle des niveaux de conscience en parlant de mort – renaissance. Une telle pensée s'est répandue dans l'Égypte Ancienne (et aussi présente), où la naissance et la renaissance sont des thématiques récurrentes. Le mot mort est employé de manière figurative. Le fait que l'homme doit «mourir avant de mourir» et qu'il doit «renaître» dans sa vie actuelle est pris symboliquement ou est commémoré par un rituel. Pour cela, le candidat doit passer par certaines expériences spécifiques (techniquement appelées «morts»). Un bon exemple est le baptême, l'objectif principal de Pâques après le Carême, qui est de représenter la mort de l'ancien soi par l'immersion dans l'eau et la renaissance d'un nouveau/renouveau soi en refaisant surface.

16.5 L'ATOUT ALCHIMIQUE ÉVOLUÉ – BUT EN OR – SOUFISME

Une partie des Égyptiens baladis se consacrent à une instruction spirituelle ultérieure. Ces mystiques égyptiens sont appelés «soufis» par d'autres. À l'image de leurs ancêtres, les Égyptiens actuels n'aiment pas qu'on leur attribue un nom inclusif susceptible de les enfermer dans un conformisme doctrinal. L'axe central du mysticisme égyptien (et de manière analogue du soufisme) est l'union, l'identification de Dieu et de l'homme.

Toute personne croyant qu'il est possible d'avoir une expérience directe de Dieu et qui est à la recherche de cette Voie est un chercheur de la Voie. Le modèle de mysticisme égyptien est une expression naturelle de la religion personnelle par rapport à l'expression de la religion comprise comme une matière commune. C'est la revendication du droit d'une personne de chercher le contact avec la source de l'existence et de la réalité, par opposition à la religion institutionnalisée qui s'appuie sur l'autorité, sur une relation unilatérale maître-esclave, et qui met l'accent sur l'observance de rites et la moralité formaliste.

Le mysticisme égyptien, aujourd'hui connu sous le nom de soufisme, est (désormais) un nom sans réalité. C'était auparavant une réalité sans nom. Nous utilisons uniquement le terme mystiques ou soufis ici pour les identifier à l'égard des lecteurs.

Le modèle égyptien de mysticisme ne concerne pas le monde

extérieur, ni une communauté de croyants, ni un dogme, des textes, des règles, ni des rites. Il ne s'agit pas seulement de croire que Dieu est ceci ou cela, ou encore cela. Il ne s'agit pas de demander à quelqu'un de «croire» pour que cette personne entre automatiquement dans les grâces de Dieu. Le modèle égyptien de mysticisme comprend des idées et des pratiques qui fournissent les outils à tout chercheur spirituel pour progresser tout au long de sa Voie alchimique vers «l'union avec le Divin».

Les membres d'une confrérie se trouvent à différents stades de développement/progression. Ceux qui sont à un stade plus avancé jouent le rôle de guides/coach pour les autres. Il n'y a pas de ligne distincte entre les membres de la confrérie et les laïcs, contrairement à la chrétienté. Chaque membre s'inscrit dans un processus d'apprentissage et transmet à son tour son savoir à un nouveau membre.

16.6 LE BUT EN OR – L'ALCHIMIE

L'alchimie représente la méthode/le pouvoir/le processus de transmutation d'une chose en une autre chose meilleure, de manière symbolique du plomb en or.

En alchimie, l'or est une métaphore de l'accomplissement spirituel le plus élevé ; le véritable alchimiste ne pratiquait pas une forme malencontreuse de chimie, contrairement à ce qu'aiment croire les scientifiques modernes ; il était engagé dans une quête spirituelle visant à transformer de la matière brute (le plomb) en un vecteur pour l'esprit (l'or).

La tradition alchimiste/soufie de transformation de la matière en or, plonge ses racines dans l'Égypte antique, comme le montre leur langage :

– La matière chaotique dans la langue égyptienne est appelée **Ben**, qui a plusieurs significations reliées : *la pierre primordiale, la* *butte de la création, le premier état de la matière, opposition/négation, ce n'est pas, il n'y a pas, multiplicité.*

– L'image inversée de **Ben** est **Neb** (Ben épelé à l'envers), qui présente également différentes significations reliées : *or* (traditionnellement le produit fini parfait, le but de l'alchimiste), *seigneur, maître, tout, affirmation, pur.*

Thot, *neter* (dieu) de l'Égypte antique, est reconnu de tous les premiers écrivains soufis (ainsi que des auteurs plus récents) comme le modèle antique de l'alchimie, du mysticisme et de tous les thèmes qui y sont associés. Idries Shah, le célèbre auteur soufi, admet le rôle de l'Égypte sur le soufisme et l'alchimie, à travers Thot et Dhu'l-Nun, de la manière suivante :

> *«[...] les traditions alchimiques viennent d'Égypte, directement des écrits de Thot [...]. Selon la tradition soufie, l'art alchimique a été transmis par le canal de Dhu'l-Nun l'Égyptien, le Roi, ou Seigneur des Poissons, un des grands maîtres soufis classiques.»* [Les Soufis, 1964]

Le nom de Thot est mentionné parmi les maîtres anciens de ce que nous appelons maintenant la *Voie des Soufis*. Autrement dit, aussi bien les soufis que les alchimistes reconnaissent Thot comme le fondement de leur savoir.

Idries Shah fait également une référence directe à l'historien hispano-arabe, Saïd de Tolède (mort en 1069), qui rapporte cette tradition au sujet de Thot en Égypte antique :

> *«Les sages affirment que toutes les sciences antédiluviennes émanent du premier Hermès [Thot], qui vivait à Saïd, en Haute-Égypte [à savoir Hermolopis]. Les juifs l'appellent Énoch, les musulmans Idris. Il fut le premier à parler de la substance du monde supérieur, et des mouvements des planètes. [...] il était médecin et poète [...] les sciences, y compris l'alchimie et*

la magie, furent pratiquées sous Hermès le Second.» [voir Asín Palacios, *Ibn Masarra*, p. 13] Masarra signifie Égyptien.

Le mysticisme égyptien englobe fondamentalement deux types d'expérience spirituelle.

1. Une quête de l'épanouissement de soi spirituel, sous la forme d'un contrôle de soi éthique et d'une clairvoyance terrestre religieuse personnelle. Le candidat capable de se purifier est désormais prêt pour la deuxième quête.
2. La quête pour trouver Dieu dans le monde manifesté et le monde manifesté en Dieu. Cette quête s'accomplit à travers l'acquisition de la connaissance en utilisant son intelligence et son intuition, afin de transcender les limites de nos sens humains.

[Plus d'informations détaillées sur ce thème dans *Mystiques égyptiens, Chercheurs de la Voie* du même auteur]

Chapitre 17 : ESCALADER L'ÉCHELLE CÉLESTE – LA VIE APRÈS LA MORT

17.1 LA TRANSMIGRATION DE L'ÂME

La préoccupation voire l'obsession des Égyptiens quant à la naissance et à la renaissance était un point fondamental de leurs croyances funéraires : la renaissance représentait l'un des stades de l'existence dans l'au-delà. Les textes égyptiens déclarent très clairement que *«l'âme est au ciel, le corps est dans la terre»* [tombe de Pépi Ier] : les anciens Égyptiens n'ont jamais pensé que le corps physique monterait de nouveau dans les cieux.

La première référence connue à une «deuxième naissance» figure dans le 182e chapitre du *Livre pour Sortir au Jour* où Osiris est

> *«...celui (Osiris) qui a engendré l'humanité de nouveau.»*

«Les Égyptiens», selon Hérodote, *«sont les premiers qui aient professé le dogme que l'âme de l'homme est immortelle».* Plutarque, Platon et d'autres auteurs de l'Antiquité ont également mentionné la doctrine de la transmigration comme une croyance générale chez les Égyptiens, doctrine qui fut adoptée par Pythagore et son précepteur Phérécyde, ainsi que par d'autres philosophes grecs.

17.2 ÉVALUATION DE LA PERFORMANCE

Dans un livre d'enseignements, un roi égyptien conseilla à son fils, le prince, d'atteindre les plus grandes vertus, car à sa mort, sa vie aurait défilé sous ses yeux et sa performance sur terre aurait fait l'objet de l'évaluation des juges. Aussi loin que remonte la 6ᵉ Dynastie, on retrouve l'idée que le ciel était réservé à ceux qui avaient accompli, tout au long de leur vie sur terre, leur devoir envers les hommes et les puissances divines. Personne, même les rois, n'échappait à la règle.

Par exemple, le pharaon Ounas (2323 avant notre ère), s'apprêtant à s'envoler de la terre vers les cieux, ne fut pas autorisé à partir sans avoir obtenu au préalable l'accord des *neteru* (sur le point de l'aider) quant à sa valeur morale. Ils exigèrent qu'aucun homme ne prononçât de critique à son égard et qu'aucune plainte ne soit formulée envers lui dans les cieux en présence des *neteru* (dieux). Ainsi, nous pouvons lire dans le *Texte d'Ounas* le passage suivant :

> *«Il n'y a pas d'incrimination envers Ounas sur terre, chez les hommes. Il n'y a pas d'accusation envers lui au ciel chez les neteru (dieux, déesses).»*

Comme nous l'avons vu plus tôt, les anciens Égyptiens exprimaient leurs croyances métaphysiques sous forme d'histoire, de drame sacré ou de mystère. Voici comment les Égyptiens représentaient symboliquement le processus du jour du Jugement dernier sous forme de mystère :

1. L'âme du défunt est amenée dans la salle du Jugement de la double Maât. Cette dernière est double car la balance trouve son équilibre uniquement lorsque les forces opposées sont égales. Le symbole de Maât est une plume d'autruche, représentant le jugement ou la vérité. Sa plume est d'ordinaire fixée sur la balance.

2. Anubis, en tant que gardien ouvrant la voie, guide le défunt vers la balance et pèse son cœur.

1 - Ma-at
2 - Anbu (Anubis)
3 - Amam (Ammit)
4 - Tehuti (Thoth)

5 - Le Défunt
6 - Heru (Horus)
7 - Ausar (Osiris)
8 - 42 Juges/Assesseurs

La plume de la vérité fait contrepoids au cœur, métaphore de la conscience, afin de déterminer le sort du défunt.

3. Assis, Osiris préside la Salle de la justice. Le jury est composé de 42 juges/assesseurs. Chacun possède une compétence concernant une faute ou un péché particulier ; ils portent tous une plume de la vérité sur la tête.

4. L'esprit du défunt nie avoir commis tout péché/toute faute devant chaque juge compétent, en récitant les 42 confessions négatives. Ces confessions négatives figurent au chapitre 125 du *Livre pour Sortir au Jour* (connu sous le nom erroné de *Livre des morts*).

Le juge compétent donne alors son acceptation en déclarant l'âme du défunt **Maa-Khérou** (juste de voix/d'action).

Voici une traduction des 42 confessions négatives. L'aspect répétitif de certaines est dû à l'incapacité de traduire le sens et l'intention exacts de la langue originale.

1. Je n'ai pas fait iniquité.
2. Je n'ai pas volé avec violence.
3. Je n'ai pas commis de vol.
4. Je n'ai pas commis de crimes; je n'ai pas fait de mal.

5. *Je n'ai pas agi frauduleusement.*

6. *Je n'ai pas manqué à mes obligations*

7. *Je n'ai pas volé la propriété des neteru.*

8. *Je n'ai pas prononcé de mensonge.*

9. *Je n'ai pas blasphémé.*

10. *Je n'ai pas causé de peine.*

11. *Je n'ai pas commis de péchés de la chair.*

12. *Je n'ai pas fait pleurer.*

13. *Je n'ai pas agi de façon trompeuse.*

14. *Je n'ai pas transgressé.*

15. *Je n'ai pas agi frauduleusement.*

16. *Je n'ai pas déposé de déchets sur la terre labourée.*

17. *Je n'ai pas espionné.*

18. *Je n'ai pas calomnié.*

19. *Je n'ai pas été en colère ni courroucé sauf pour une bonne cause.*

20. *Je n'ai souillé la femme d'aucun homme.*

21. *Je n'ai pas été un homme de colère.*

22. *Je ne me suis pas fait de mal.*

23. *Je n'ai pas causé de terreur.*

24. *Je n'ai pas explosé de rage.*

25. *Je n'ai pas été sourd à l'expression de la vérité et de la justice (Maât).*

26. *Je n'ai pas provoqué de la douleur.*

27. *Je n'ai pas agi avec insolence.*

28. *Je n'ai pas provoqué de lutte.*

29. *Je n'ai pas jugé hâtivement.*

30. *Je n'ai pas sollicité de mérites.*

31. *Je n'ai pas multiplié les mots de manière excessive.*

32. *Je n'ai fait de mal à personne ni causé la maladie.*

33. *Je n'ai pas maudit le roi. (Violation des lois)*

34. *Je n'ai pas pollué l'eau.*

35. *Je n'ai pas parlé avec mépris.*

36. *Je n'ai jamais maudit les neteru.*

37. *Je n'ai pas volé.*

38. Je n'ai pas volé les offrandes des neteru.

39. Je n'ai pas pillé les offrandes des défunts bienheureux.

40. Je n'ai pas ôté le lait de la bouche des petits enfants.

41. Je n'ai pas péché à l'égard du neter de ma ville natale.

42. Je n'ai pas tué le bétail du neter (dieu).

5. Thot, scribe des *neteru* (dieux, déesses), enregistre le résultat, tandis qu'Anubis procède à la pesée du cœur, en contrepoids avec la plume de la vérité. Deux résultats sont envisageables :

a. Si les plateaux ne sont pas en équilibre, cela signifie que la personne est chargée de trop de péchés. En conséquence, Ammout (Âmmit) dévorera son cœur. Ammout est un animal hybride.

L'âme imparfaite renaîtra (réincarnation) dans un nouveau support physique (corps), afin d'avoir une nouvelle opportunité de développement sur la terre. Le cycle de vie/mort/renouveau continue jusqu'à ce que l'âme atteigne la perfection, en accomplissant les 42 confessions négatives, durant sa vie sur terre.

b. Si les deux plateaux sont en parfait équilibre, Osiris donne un jugement favorable et déclare le défunt **Maa-Khérou** (juste de voix/justifié).

L'âme parfaite sera donc soumise au processus de transformation et de renaissance. Le résultat de l'évaluation détermine le niveau (de 2 à 6) qu'une personne peut atteindre dans les cieux.

17.3 TEXTES DE TRANSFORMATION

Tous les textes funéraires (de transformation) de l'Égypte antique poursuivaient un seul et même objectif, à savoir procurer la résurrection et l'immortalité aux personnes au nom desquelles ils étaient rédigés et récités. Les textes accompagnant les défunts variaient dans le style et le contenu. Deux personnes n'avaient jamais les mêmes textes funéraires. Ces textes étaient élaborés sur mesure pour correspondre au parcours de chaque individu. On retrouve cette même unicité des textes dans les papyri dits «magiques». Les textes égyptiens décrivaient en détail les étapes du processus de transformation de l'existence sur terre vers les différents royaumes métaphysiques.

Tous ces thèmes sont abordés avec moult détails dans le *Livre pour Sortir au Jour* (Per-em-hru), dont le titre a été traduit à tort comme *Livre des morts des Anciens Égyptiens*. Il contient plus de cent chapitres de longueur variable, qui sont étroitement liés aux textes funéraires d'Ounas à Saqqarah. Ce texte se trouve, dans sa forme complète, uniquement sur les rouleaux de papyrus enveloppés dans les bandages du défunt momifié et enterrés avec ce dernier.

D'autres écrits de transformation (funéraires et religieux) sont également étroitement liés aux *Textes (des pyramides) funéraires d'Ounas*. Chaque texte/écrit explore le thème fondamental unique de la vie/mort/renaissance, c'est-à-dire de la transformation de l'âme dans la région de la Douat après la mort, sous un angle différent. Étant donné que chaque personne est unique, les textes funéraires le sont aussi. Ces compositions sont connues sous le nom de : *Le Livre de l'Amdouat (ce qu'il y a dans la Douat, donc le monde souterrain), Le Livre des Portes, Le Livre des Cavernes, Les Litanies du Soleil, Les Litanies de Rê, Le Livre d'Aker, Le Livre du Jour et Le Livre de la Nuit*.

17.4 ADMISSION DANS LE NOUVEAU ROYAUME

Selon l'évaluation de la performance, les esprits défunts vont dans différents royaumes, en fonction du niveau atteint durant leur existence sur terre.

Les textes de transformation lancent le processus au cours

duquel la nouvelle âme progresse d'un royaume à un autre. Elle doit satisfaire d'autres exigences et être acceptée pour pouvoir poursuivre son chemin. Pour l'admettre dans un nouveau royaume, les habitants de chaque royaume doivent considérer le nouveau venu comme qualifié et digne de rejoindre ou de traverser ce royaume. Les droits des occupants dans le monde spirituel sont les mêmes que dans le royaume terrestre. [Voir plus de détails à ce sujet dans un chapitre précédent du présent ouvrage.]

Le nouveau venu doit obtenir l'acceptation et l'assistance de chaque habitant du royaume dans son ascension progressive. Ainsi, dans la tombe d'Ounas (pyramide en ruines) à Saqqarah, nous pouvons lire que les habitants des royaumes les plus élevés – le peuple de lumière ou d'Héliopolis – ont considéré Ounas (env. 2323 avant notre ère) digne d'être accepté et l'ont aidé à monter et vivre parmi eux :

Incantation 336

Le peuple de lumière lui est témoin.
La grêle du ciel l'a saisi afin qu'ils puissent faire monter Ounas
auprès de Rê.

Incantation 377

Votre parfum est venu jusqu'à Ounas, neteru (dieux, déesses),
Le parfum est venu jusqu'à vous, neteru.
Si Ounas est avec vous, neteru,
vous serez avec Ounas, neteru.
Si Ounas vit avec vous, neteru,
vous vivrez avec Ounas, neteru.

17.5 LA GLOIRE

Dans les textes de l'Égypte antique, l'âme réalisée obtient la gloire et rejoint l'Origine divine.

Après une longue série de voyages épiques, l'âme ressuscitée, justifiée et régénérée vient occuper une place à la suite des *neteru* (dieux, déesses) – les forces cosmiques – et prend enfin part à la ronde incessante d'activités qui offre à l'univers une existence constante. Les écrits égyptiens le décrivent de la manière suivante :

> **devient une étoile d'or et rejoint la compagnie de Rê, navigue avec lui à travers le ciel dans sa barque de millions d'années.**

1

BIBLIOGRAPHIE SÉLECTIVE

Assmann, J., *Agyptische Hymnen Und Gebete*, (Leiden Papyrus p. 312-321), Zürich/Münich, 1975.

Breasted, James Henry, *Ancient Records of Egypt*, 3 Volumes, Chicago, USA, 1927.

Budge, E.A. Wallis, *Amulets and Superstitions*, New York, 1978.

Budge, E.A. Wallis, *Egyptian Religion: Egyptian Ideas of the Future Life*, London, 1975.

Budge, E.A. Wallis, *From Fetish to God in Ancient Egypt*, London, 1934.

Budge, E.A. Wallis, *The Gods of the Egyptians*, 2 Volumes, New York, 1969.

Budge, Wallis, *Osiris & The Egyptian Resurrection*, 2 Volumes, New York, 1973.

Clement Stromata Book V, Chapitre IV [www.piney.com/Clement-Stromata-Five.html].

Diodore de Sicile, *Livre I, II, & IV*, traduit par C.H. Oldfather, London, 1964.

Diodore de Sicile, *Vol. 1*, traduit par C.H. Oldfather, London.

Egyptian Book of the Dead (The Book of Going Forth by Day), The Papyrus of Ani, USA, 1991.

Erman, Adolf, *Life in Ancient Egypt*, New York, 1971.

Hérodote, *The Histories*, traduit par A. de Selincourt, New York and Harmondsworth, 1954.

Farouk Ahmed Moustafa, *The Mouleds: A Study in the Popular Customs and Traditions in Egypt*, Alexandria, 1981 [Texte arabe].

Gadalla, Moustafa:
– *Ancient Egyptian Culture Revealed*. USA, 2007.
– *Egyptian Cosmology: The Animated Universe – 2nd edition*, USA, 2001.
– *Egyptian Divinities: The All Who Are THE ONE*, USA, 2001.
– *Egyptian Harmony: The Visual Music*, USA, 2000.
– *Egyptian Mystics: Seekers of the Way*, USA, 2003.
– *The Ancient Egyptian Roots of Christianity*, USA, 2007.
– *Egyptian Rhythm: The Heavenly Melodies*, USA, 2002.
– *Egyptian Romany: The Essence of Hispania*, USA, 2004.
– *Historical Deception: The Untold Story of Ancient Egypt*, USA, 1999.

Gilsenan, Michael, *Saint and Sufi in Modern Egypt*, Oxford, 1973.

Horapollo, *The Hieroglyphics of Horapollo*, traduit par George Boas, New York, 1950.

James, T.G.H., *An Introduction to Ancient Egypt*, London, 1979.

Kastor, Joseph, *Wings of the Falcon, Life and Thought of Ancient Egypt*, USA, 1968.

Kepler, Johannes, *The Harmony of the World*, traduit par E. J. Aiton, USA, 1997.

Khaldûn, Ibn, *The Muqaddimah: An Introduction to History*, Traduit de l'arabe par Franz Rosenthal, abrégé et édité par N.J. Dawood, Princeton, 1969.

Lambelet, Edouard, *Gods and Goddesses in Ancient Egypt*, Le Caire, 1986.

Lane, E.W., *The Manners and Customs of the Modern Egyptians*, London, 1836.

Parkinson, R.B., *Voices From Ancient Egypt, An Anthology of Middle Kingdom Writings*, London, 1991.

Peet, T. Eric, *The Rhind Mathematical Papyrus*, London, 1923.

Piankoff, Alexandre, *The Litany of Re*, New York, 1964.

Piankoff, Alexandre, *Mythological Papyri*, New York, 1957.

Piankoff, Alexandre, *The Pyramid of Unas Texts*, Princeton, NJ, USA, 1968.

Piankoff, Alexandre, *The Shrines of Tut-Ankh-Amon Texts*, New York, 1955.

Piankoff, Alexandre, *The Tomb of Ramesses VI*, New York, 1954.

Platon, *The Collected Dialogues of Plato including the Letters*, édité par E. Hamilton & H. Cairns, New York, 1961.

Plotin, *The Enneads*, 6 Volumes, traduit par A.H. Armstrong, London, 1978.

Plotin, *The Enneads*, traduit par Stephen MacKenna, London, 1991.

Plutarque, *De Iside Et Osiride*, traduit par J. Gwyn Griffiths, Wales, U.K., 1970.

Plutarque, *Plutarch's Moralia, Volume V*, traduit par Frank Cole Babbitt, London, 1927.

Silverman, David and Torode, Brian, *The Material Word: Some Theories of Language and its Limits*, London, 1980.

West, John A., *The Travelers Key to Ancient Egypt*, New York, 1989.

Wilkinson, Richard H., *Reading Egyptian Art*, New York, 1994.

Wilkinson, Sir J. Gardner, *The Ancient Egyptians, Their Life and Customs*, London, 1988.

Wings of the Falcon, Life and Thought of Ancient Egypt, traduit par Joseph Kaster, USA, 1968.

Nombreuses références en arabe.

Plusieurs sources sur Internet

2

SOURCES ET NOTES

Les références aux sources dans la section précédente (Bibliographie sélective) sont indiquées uniquement pour les faits, événements et dates et non pas pour les interprétations faites de ces informations.

L'absence de plusieurs références dans la bibliographie sélective ne dénote aucunement une méconnaissance de la part de l'auteur. Elle signifie uniquement que, malgré leur «popularité», l'auteur ne les a pas considérées comme des sources fiables.

Il convient de noter en cas de référence à l'un des livres de Moustafa Gadalla que tous les ouvrages de cet auteur contiennent des annexes indiquant sa propre bibliographie détaillée ainsi que des sources et notes détaillées.

Chapitre 1 : Le peuple le plus religieux

La conscience cosmique des Égyptiens – toutes les références, bien que la plupart des références l'appellent «superstition», qui signifie encore conscience cosmique.

L'unité de la multiplicité de l'univers – Budge (toutes), West, Piankoff (Rê), Kaster, Gadalla (*Cosmology* 2e éd., divinités).

Amen-Renef : L'indéfini – Budge (toutes), West, Piankoff (toutes), Kaster, Gadalla (*Cosmology* 2e éd., divinités).

Chapitre 2 : Les énergies motrices de l'univers

Quasiment toutes les références, Budge (toutes), West, Piankoff (toutes), Kaster, Plutarch, Gadalla (*Cosmology* 2e éd., divinités et romani), Gadalla (Égyptien de souche), nombreux ouvrages en arabe.

Silverman, (Ibn) Khadun, West, Gadalla (*Cosmology* 2e éd., divinités, rythme et harmonie), Plutarque, Piankoff (Rê), Horapolle, Budge.

Chapitre 3 : Récits égyptiens du processus de création

Quasiment toutes les références, Assmann, Budge (toutes), West, Piankoff (Rê), Kaster, Gadalla (*Cosmology* 2e éd., divinités et romani).

Chapitre 4 : La Numérologie du processus de création

Assmann, Plutarque, Plotin, West, Gadalla (*Cosmology* 2e éd. et harmonie).

Chapitre 5 : La nature dualiste

Piankoff (toutes), Budge, West, Kaster. Plotinus, Lambelet, Gadalla (Egyptian *Cosmology* 2e éd., harmonie, christianisme, mystiques), *Livre pour Sortir au Jour*, *Papyrus d'Ani*, Gadalla (Égyptien de souche) et de nombreux ouvrages en arabe.

Chapitre 6 : Trois – La trinité unie

Assmann, Piankoff (toutes), Plutarque, Diodore, Budge, West, Kaster, Gadalla (*Egyptian Cosmology* 2e éd., harmonie, christianisme, mystiques), *Livre pour Sortir au Jour*, *Papyrus d'Ani*.

Chapitre 7 : La stabilité du quatre

Quasiment toutes les références. Gadalla (*Egyptian Cosmology* 2e éd., mystiques).
Quatre éléments – Plutarque.
Papyrus de Leyde – Assmann.
Pilier Djed – Budge.

Chapitre 8: La cinquième étoile

Plutarque, Assmann, Budge, Gadalla (*Egyptian Cosmology* 2e éd., harmonie égyptienne).

Chapitre 9 : Le six cubique

Gadalla (*Egyptian Cosmology* 2e éd., harmonie, mystiques), West.

Chapitre 10 : Le sept cyclique

Budge, Piankoff (toutes), Gadalla (*Egyptian Cosmology* 2e éd., divinités).

Chapitre 11 : Huit, l'octave

Assmann, Parkinson (Textes du cercueil), Gadalla (*Egyptian Cosmology* 2e éd., divinités), Kaster, Erman.

Chapitre 12 : Les neuf vies

Budge, Assmann, Kaster, Piankoff, Gadalla (Egyptian Cosmology 2nd ed., Divinities), Book of Coming Forth By Light, Papyrus of Ani.

Chapitre 13 : Dix, un nouveau Un

Budge, Assmann, Kaster, Piankoff, Gadalla (Egyptian Cosmology 2e éd., divinités), *Livre pour Sortir au Jour*, *Papyrus d'Ani*.

Chapitre 14 : L'être humain – la réplique universelle

Budge, Painkoff ((Rê, Ounas), *Papyrus d'Ani*, Kaster, Wilkinson, R.H., Gadalla (*Egyptian Cosmology*, 2e éd., harmonie), West.

Chapitre 15 : La conscience astronomique

Clément, Gadalla (*Cosmology*, 2e éd., rhythm, mystiques), Budge, West, Wilkinson, Kepler, Parkinson [réf. Enregistrements astronomiques de l'étoile Sabt (Sirius)], Gadalla (Égyptien de souche).

Chapitre 16 : Notre voyage sur terre

Kaster, Gadalla (christianisme, *Cosmology*, 2e éd., mystiques), Budge, Piankoff, quasiment toutes les références.

Chapitre 17 : Escalader l'échelle céleste

Hérodote, Budge, *Livre pour Sortir au Jour*, *Papyrus d'Ani*, Piankoff (Ounas, Papyri mythologiques), Gadalla (*Cosmology* 2e éd., mystiques, christianisme), West, quasiment toutes les références.

Printed in Great Britain
by Amazon

18089345R00098